孙滨 著

用快乐修行

Yong Kuaile Xiuxing

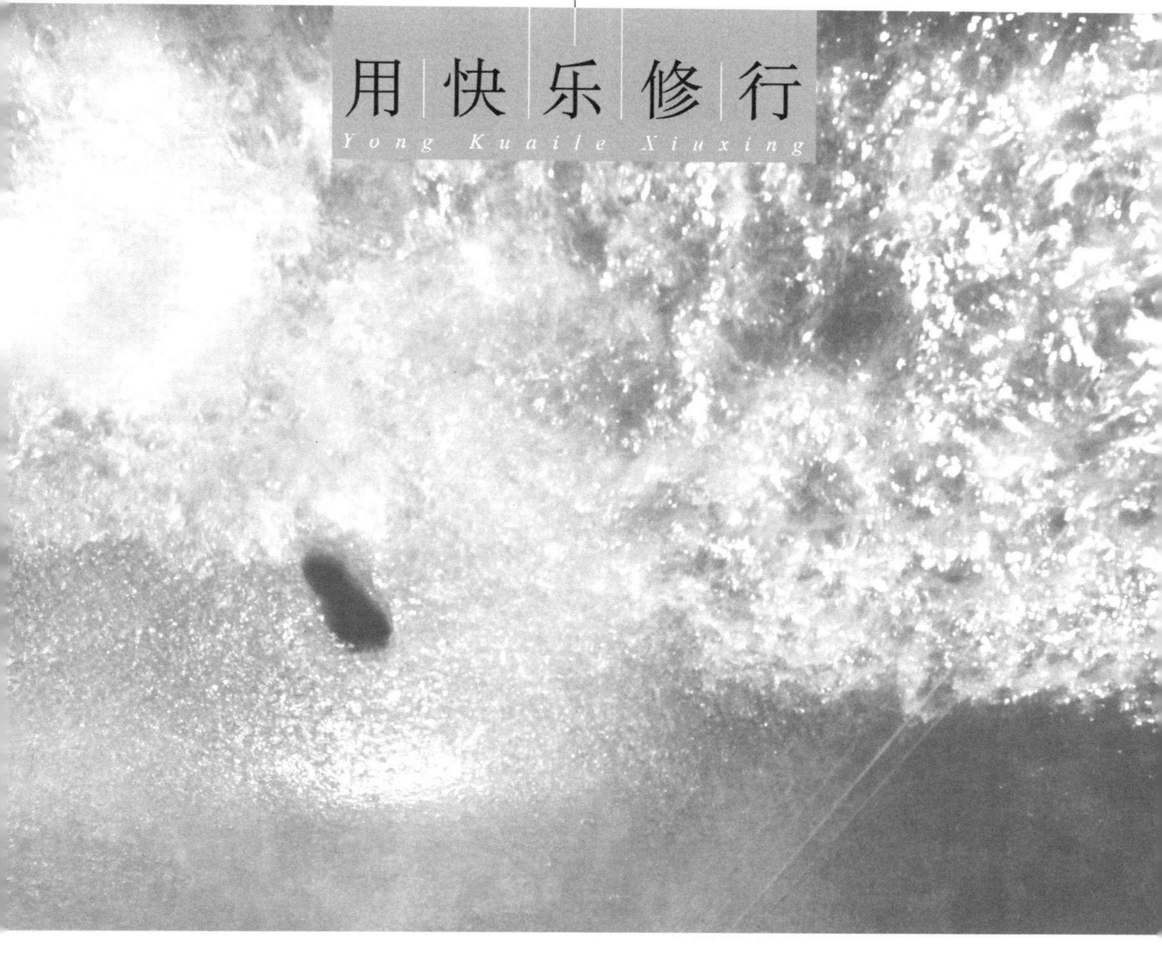

语文出版社
·北京·

图书在版编目（C I P）数据

用快乐修行 / 孙滨著. -- 北京 : 语文出版社, 2014.12
ISBN 978-7-5187-0017-2

Ⅰ. ①用… Ⅱ. ①孙… Ⅲ. ①随笔—作品集—中国—当代 Ⅳ. ①I267.1

中国版本图书馆CIP数据核字(2014)第313122号

责任编辑 李 勇
装帧设计 吴燕妮
出 版 语文出版社
地 址 北京市东城区朝阳门内南小街51号 100010
电子信箱 ywcbsywp@163.com
排 版 北京杰瑞腾达科技发展有限公司
印刷装订 北京世艺印刷有限公司
发 行 语文出版社 新华书店经销
规 格 787mm×1092mm
开 本 1/16
印 张 13.25
字 数 170千字
版 次 2015年1月第1版
印 次 2015年1月第1次印刷
印 数 1-4,000
定 价 38.00元

010-65253954(咨询) 010-65251033(购书) 010-65250075(印装质量)

开头想说的话

有人说请名人写序的书都不好看，所以我也不劳烦那些“大咖”了。再说，原本认识的几个名人他们大都只热衷于写自己的人名，咱还是老老实实自力更生吧。

写这本书没什么很强大的目的，只因在 2004 年出版了自己的第一本书《不说再见》，五年后又出版了第二本书《我看行》。掰指头一算，到 2014 年又过了五个年头，似乎依照固有的节奏，应该再搞点小动作了。

说是小动作，一点没自黑的意思，因为这些东一榔头西一棒子的玩意儿真没太大的技术含量，完全不深奥、不华丽，都是平时想起一出是一出随手记下的，别说跟文学大家比了，就是面对高考的满分作文都不好意思抬头。而且，这一次写作与以往不同，跟本职工作没半毛钱关系，珍爱生命，远离舞台。

那还有什么看头呢？第一次把初稿发给王旭明社长，他看过几篇后便会心一笑：“没想到表面上看起来苦大仇深的一个人，骨子里藏着的还有那么点小情趣、小乐子。”我告诉王社长，对于某些抑郁的或是正走向抑郁的人，我的书估计比药片管用，不信随便赠他们一本翻翻，然后再测量感知快乐的指数，水银柱子绝对噌噌往上涨。

咱不看广告看疗效嘛。

回顾转瞬即逝的这十年，谁都有艰辛、有苦痛、有挥之不去的纠结和烦恼，但我坚信大多数人都一样，尽管日子过得不容易，生活中的我们还是留下了更多的欢笑、更多的自我满足的好。就像消费掉的每一天，虽然寒夜会不可避免地到来，但黑暗的时光在记忆中终究是短暂的，大不了睡一觉就没了，睁开眼还是最新鲜的太阳。

所以，从我手下流走的文字都是带着阳光味道的，不信就把你发霉的心情在它面前摊开了晒晒吧。

爱吐舌头照相的爱因斯坦看起来像个老顽童，他曾经戏言什么是相对论：如果你坐在一位美女身边，两小时也会觉得只是一分钟；如果你坐在一个火炉旁边，一分钟也会觉得是两小时。

这例子简单生动。它说明世界上的任何事情都可以是相对的，以截然不同的心态感知生活，就会产生截然不同的结果。所以，明白了这个道理，我们就可以理直气壮地推倒眼前的各种大火炉子，拉来各种大美女，让欢欣鼓舞的荷尔蒙随处蔓延。

这就是我所说的——用快乐修行。

另外想说的是，在《我看行》销售如火如荼的时候，闺女已经拔地而起渐渐懂事了。有一天，她看着那本书的大海报问我：“爸爸，什么时候咱俩一起出本书啊？”眼睛里全是期待和向往。

这次，我把她学龄前的涂鸦挑选了一部分当做插图，用天真的色彩和快乐来调剂我的文字，也算是圆了她多年前一个纯洁的梦吧。

目录

第二章 青春酿出的快乐总是华丽丽的

第三章 快乐就是一座恒久的金字塔

目录

第四章 快乐是一滴滴榨出来的

第五章 用快乐修炼成闲云野鹤

第六章 | 夕阳是用快乐烘烤的一道晚餐

第一章 童年是一颗汲取快乐的种子

无论藏在哪抔泥土里 / 或肥沃 / 或贫瘠 / 我们都会冲将出来 / 而且问候世界的力度 / 或清脆 或沙哑 / 并没有多大差别 / 重要的是 / 天上落下多少快乐 / 在我们的光合作用下就会变为多少成长的营养

第一章

大头大头，下雨不发愁

我有个小名叫大头，是很小的时候爸爸给起的。因为打我生下来，脑袋就出奇地大。

每次小伙伴们唱：大头大头，下雨不发愁，人家打雨伞，他打大奔儿头……我都以为这歌谣是针对我发明的。

因为头大，所以对于年纪轻轻的我来说，怎样正确地掌握身体的重心就显得尤为艰难，很多时候都处于摇摇欲坠的状态，用我妈的话来说就是“头重脚轻根底浅”。走路稍不注意，就会扑向大地母亲的怀抱，而且偏偏赶上我的上肢天然“呆”，每次摔倒都不会用手扶地，害得脑袋直接去问候泥土，直到现在我还依然清楚地记得脑门儿嗡嗡作响、满嘴苦涩的滋味。一旦听到我撕心裂肺的哭声，左邻右舍的好心人们都会知道，这可怜孩子又摔倒了。好在那时我的鼻梁骨尚不缺钙，除了留下几道伤痕之外还算坚挺，否则依照那么高频率的以头抢地，长不到五岁我的头就得像冬瓜那么光溜平滑了。

不知道是不是被摔怕了的缘故，头很大的我却胆子很小，怕一切陌生及刺激性的事物。先说虫子，甭管是会飞的还是会爬的，会咬的还是会叫的，一律都在我的戒备之内。那年月没什么可玩的，所以到了夏天小伙伴们都爱养蝈蝈儿和蛐蛐儿。这两种廉价的宠物恣意生长，尤其是蝈蝈儿挺着个大肚子不可一世。我必须承认，直到现在我都没敢下手去和它们亲热过，那一道道印着花纹的肥肚子怎么看怎么邪恶，总让我不寒而栗。

有一次，小伙伴们斗蛐蛐儿的时候很瞧不起地问我："你敢抓吗？"六七岁的小老爷们儿自尊心是很强大的，神圣不能侵犯。在一个一寸长的虫子面前我怎么能低头认输呢？"怎么不敢？！"我喊出来的声音把我自己也吓了一跳。于是，在众目睽睽之下，我那略带颤抖的手伸向了那个黑黢黢的家伙。说实话，那绝对是我第一次去擒获一只蛐蛐儿，那家伙也许看穿了我的怯懦，在纸折的槽子里骄傲地跑来跑去，翅膀得瑟得像小姑娘跳迪斯科时穿的蝙蝠衫。我无从下手，第一不敢，第二不会。在轻蔑的目光中，我咬牙屏气照着它的身体就捏了下去，估计是力道太大或者是没弄对地方，那个小黑将军在我手起指落的瞬间狠狠咬了一口，顿时指尖传来钻心的痛，我顾不上那些耻笑，扭头跑出了战场。从那以后，我再也没正眼看过那些黑将军们，即使夏夜里传来它们婉转的哨音，也没唤起我对它们的爱，脑海里回旋的都是其占我便宜后得意的笑。

除了这些虫虫特工队外，胆小的大头还怕爬山下河。我小时候住在山城，连绵的大山是我们这些孩子经常玩耍的地方。很多男生尤其是比我年龄大的，为消耗掉肚子里粗糙的棒子面和山药蛋，经常找机会挑战自我，特别像现在的极限运动。他们上山根本不走寻常路，而是专找陡峭的岩石往上爬，理由是没人走的地方才有大个儿的酸枣和山杏。这样的活动我是从来不参加的，他们也懒得带我。可有一次，邻居家的大哥不知是哪根筋不对非要领我去，还不由分说非得去。我硬着头皮跟着探险队出发了。来到一处荒芜的峭壁，一种不祥之感从我后脊梁一直往上冒，还没怎么着汗就下来了。比我大不了几岁的大哥特别仗义，让别人先爬给我做示范，最后他扶着我上。

那特别有质感的岩石怎么形容呢——蹬在脚下，打滑；抠在手里，冰凉。在它面前，我的胳膊腿儿显得特别纤细。几经努力，我坚持到了半山腰。抬望眼，脑袋顶上是另一个小哥的臭鞋；往下，根本就不敢看，山风袭来仿佛云就在身边。在这种节骨眼儿上，想退缩是不可能了，人生中第一次尝到了绝望的滋味。“仗义哥”不断鼓励着我，在我没地方可踩的时候毅然伸出手握住我的脚往上顶，老远一看赶上练杂技的了。那一刻，我被浑身的颤抖包裹着，想哭都没力气。

经过漫长的折磨，我终于到达了崖顶，狂跳的心总算落到了肚里。站在平地上，那种踏实的幸福给多少玻璃球都不换。带着一阵快感的眩晕，我一屁股坐在草丛里。谁想到怎么那么寸，无意中我坐死了一只正在青草间嬉戏的马蜂，和它一起玩耍的另一半怒火中烧、义愤填膺地奔我而来，在毫无防备的情况下照我宽阔的脑门就是临门一蛰，顿时我就感到了火烧一样的疼痛，没过一会儿就诞生了一个硕大的包，和我的脑袋特别匹配。

各种人生的第一次密集到来让我猝不及防，整个人都感觉不好了。关键时刻那还得是“仗义哥”出面，只见他二话没说从裤裆里掏出家伙冲手心里尿了一泡，然后趁热拍到了我的头皮上。还别说，尽管味道不怎么好，止疼效果还是不错的，过了一阵子我就感觉由疼变麻了。

就这样，我没找见什么大酸枣，倒是凭空多了一个散发着臊气的大鼓包。

下山的时候，伙伴们明显在照顾我，选了一处比较平缓的土坡。“仗义哥”特别有导演气质，大概觉得不加戏不刺激，所以他认为跑下山坡应该比较爽，而且他第一个展翅翱翔，风一样瞬间到达了山脚下。没了直上直下的压力，我感觉这个提议还不错，可以体验哪吒脚踩风火轮的快捷。于是，我用不着思索便张开了双腿轻盈地跑了起来。耳边呼呼的风告诉我，这简直太轻盈了，以至于两脚几乎着不了地。我敢打赌现在的刘翔都跑不过当时的我，甭说跨栏了，就是山尖都随便跨。一开始我还像雄鹰一样骄傲和兴奋，可没过多久我就清醒地意识到“坏了，刹不住闸了”！各种齐腰的杂草从我身边呼啸而过，整个身体像是被一块巨大的磁铁吸走了一样。我惊叫起来，“仗义哥”也觉出了不对劲，大声告诉我：“收着点，收着点！”可我狂奔的两条腿哪还收得住啊，比绑上火箭还有劲儿。

眼看我的身体倾斜得要和坡面平行了，“仗义哥”此时又恰当地做好了准备，他半蹲双腿张开手臂像个守门员一样等着接住我这个大球。要说惯性这个东西太强大了，从物理学的角度讲，我带着各种加速度按照一定的坡度运动，瞬间生成的力量会是我身体质量的好多倍。于是，在我准确投入“仗义哥”怀抱的一刹那给了他非凡的一击，我们俩同时滚落到杂草丛生的山坡上，山谷里回荡着他连绵的惨叫。

现在想想，没把他撞出个脑震荡和高位截瘫来就真算不错了。

“仗义哥”痛苦得说不出话来，手意味深长地指向山脚下。我爬起来朝那个方向看去，顿时被吓尿了！原来离我们不到五步的地方是一道十几米深的山沟。要不是“仗义哥”拦着，我早被那张深邃的大嘴吞噬掉了。我有点受不了这一系列戏剧性的安排，扯开嗓子号啕大哭起来，为那波澜壮阔的一天画了个粗壮的惊叹号。

后来，我纠结于是该感激“仗义哥”还是该仇恨他。按说他危难之时伸援手也救了我一条小命，但这一切不都是他一手策划的吗？

打那以后，我彻底宅在了家里，受不了那份惊心动魄。每天醒来用手摸摸大头还在，心里有说不出的踏实。

第一章

纯种旱鸭子

小的时候，妈妈总说我命里缺水，也不知道她是怎么算出来的，反正没经过我同意，就把我名字里原本的“斌”改成了“滨”。那年月讲究文武双全，按说“斌”才是硬通货，敢把它废了得有点勇气。

我倒没觉着自己缺水，怕水才是真的。

其实打小没受过这方面的刺激，我估计那种恐惧是与生俱来的。

每次老爸带着去厂矿的大澡堂子，我都特别抗拒，还没脱完衣服，听着里面空洞的声音，心情立马就不好了。都说孩子是在娘胎的羊水里泡大的——天然亲水，我觉得纯属歪理邪说。我怎么就和水亲不起来呢？难不成我是在旱地里发芽的？

几千人的大厂矿盖的澡堂子特别大个儿，里面宽阔的大池子有好几个，连在一起挺气派。和我同龄的小伙伴们特别钟爱这地方，因为那会儿找不到什么正经的游泳池，他们就在这个水温超过体表且潜伏着各种老老少少的池子里来回扑腾。

在那个年代的条件下，每天浴池开放后估计那池子里的水得必须坚持到晚上，很少换掉。在里面泡着的是辛勤劳作后汗流浃背的工人们和忍一个多月才甘心掏五分钱进来一次的家属们，那冒着热气的水已经没了最初的透明度，浑浊得像灰白的石灰水，淳朴的气味也特别“接地气”。现在的人如果穿越回去，乍一看还以为都在洗奢华的牛奶浴呢。

在里面扑腾的孩子们互相撩着水花嬉戏，会游泳的伸胳膊、蹬腿儿，不会游的都在卖力模仿，偶尔呛半口水咽了下去也没事儿人似的，接着还在各种肉体的丛林里摸索。

细思极恐。

一般来说，我都躲他们远远的，不是装干净，而是那些不明来历的水花溅到我脸上心里有点怵。

在老爸的督促下，我勉强泡进池子，一种莫名的不安全感顿时袭来，脑袋晕晕乎乎的像吃了两颗安眠药。很多时候我都在想，如果万恶的敌人把我俘虏了，用不着像对江姐那样往手里钉竹签、腿上绑老虎凳，直接把我的头按水池子里我就什么都招了。

没错，我的革命意志就是这么薄弱，尤其不能拿水吓唬我。

在池子里凑合一会儿我就出来了，接下来要面对的是最凶险的淋浴喷头。

也不知是谁发明的这劳什子，非得让人从头到脚挨那些噼里啪啦的水柱子欺负。

如果不得不，那也只能来吧。我对付它的办法是先用我身上最厚实的部分——屁股伸进去试探，觉不出危险了再把后背送进去，让自己一点一点被无形的怪兽蚕食掉，特别像搞鳄鱼表演的：先秀足了其他的，再把脑袋伸进鳄鱼嘴里。

老爸最知我心，每到这个时候总是一边劝慰“这有什么可怕的”，一边抱着我的头塞到水柱子里。怎么形容呢？我整个人真跟被什么吞掉一样，耳边嗡嗡直响，脑子里一片空白，连呼吸都快停止了。

“低头，闭眼，张嘴。”这是老爸给我的口诀。我照着做了，仍然像个垂危的人，魂灵都飘出去了。

一个同事曾经跟我描述在泰国潜水时的感受：下到一半的时候突然觉着一切都静止了，身体是绵软的，脑袋是空荡的，意识是慌乱的。于是，他不顾身边潜水员的护卫，拼命折腾出了水面。

这种感受像极了儿时在淋浴头下的我，无助中甚至有点绝望。

每次从澡堂子出来，我都跟重生了一样。

老爸给我下了定义：纯种旱鸭子。

所以，小伙伴们去玩水，我是从来不加入的。

离我家不远的山脚下有一条小河，夏天除了雨后发洪水变得波涛汹涌外，其余大部分时间都表现得很温柔，顶多能没过腰。这是最理想的游泳场所了，很多同伴下午一放学就直奔那里，然后便以各种好看不好看的姿势痛游，太阳不落山绝不回家。

我很少随行，要去也是帮他们看衣服和书包，顺便拔两棵野草发发呆。

有一次，伙伴们撺掇：“下来吧，不会游，趟趟水也好玩。”

人可能天生有种不服输的精神。我又鬼使神差忘了水是自己的天敌，竟挽起裤腿儿小心翼翼地一步一步从河滩往深处的河水里走。

没一点实战经验的我对形势明显估计不足。眼前的河水跟澡堂子里的可不一样，它是流动的，而且是冰凉的，没过小腿肚后人就有点哆嗦，真不知道他们在里面觉没觉出冷来。

其实先天不足的我应该望而却步，但黄继光、刘胡兰的革命形象在我脑海里不断闪现着，他们敌人的铡刀都不怕，我还怕一条河？

兴许是脑子里乱闪的东西太多，再加上不算太湍急的水前赴后继地流过，我感觉眼睛立马就有点花了，整条河好像都晃悠起来，左脚刚想往前再迈一步，踩在鹅卵石上的右脚一滑，我便连叫都没叫一声就仰面跌倒在了河水里。

有一种力量从我双脚的方向一直往头部掠过，均匀但险恶，让我有了一种被活吞了的感觉。耳边是怪异的声音，不响亮也不尖锐，但绝对有震慑力，那是另外一个世界的问候。

一瞬间，我放弃了挣扎，像被足量麻醉剂撂倒的野马。

我那没来得及打招呼的突然消失惊醒了一帮伙伴，他们知道这不是什么行为艺术而是人命关天，于是劈波斩浪地扑到我跟前，像捞鱼一样把我从水面下捞了起来。

我彻底被死对头打败了，浑身湿淋淋的简直就是落水狗。一哥们儿飞奔至我家，取回我一身干净衣服来换，那也是我有生以来第一次在大太阳底下被扒光，还露了雪白的屁股给别人看。

换了衣服的我仍然惊魂未定，体若筛糠。事实再一次证明，我是一只决不能沾水的旱鸭子，谁再让我沾水我绝对跟他急！

第一章

啥时候打一架

说来悲哀，这辈子还没真正地打过一架。

从小我就是属于靠边站的、蔫不出溜的，在吵吵嚷嚷的人堆里肯定找不着我。

那时父母爱拌嘴，急了还摔东西。听着饭碗摔地上时脆生生的声音，我当下就尿裤子了。奶奶呵斥他们："看把孩子吓成什么样了！"于是妈妈抱着我流泪，不知是心疼我还是觉得自己委屈。

印象最深的一次，家里炒菜没酱油了，我自告奋勇去买。妈妈问："一个人敢去吗？""敢！"我答应得很痛快，心想一个快五岁的男子汉连酱油都不敢打吗？再说，卖油盐酱醋的合作社也不远。

采购过程按我设想的很顺利，交钱，找零，打酱油，端瓶子，走人。

正当我抱着凯旋的舒畅心情往回走时，小插曲来了。

一个比我大几岁的小老爷们截住了我。

"干吗去？"

“回家。”

“把瓶子给我！”

啊？我的劳动成果怎么能给他呢？如果那样的话，我的酱油处女秀不就演砸了吗？

我没接茬儿，手攥得更紧了一点。

“不给是吧？”说着，他朝我肩膀推了一下。

我往后一趔趄，黑油油的液体差点晃荡出来。

见我还不理会，他又说：“不给也行，把钱拿出来！”

看到我祥和安定的社会主义祖国了吗？敢情那会儿就有打劫的了。

我有俩钢镚儿一直握在手心里。一听这话，小手自动发热，汗开始往外涌，不一会儿钢镚儿都湿了。

有句上海老话说得好，“不理侬最凶”。我咬紧牙关一声不吭。

见我有点负隅顽抗的意思，那家伙朝我胸口又来一拳。

这一下不仅肉疼，还特别伤自尊。

我想哇哇大哭，但忍了；我想扭头逃跑，但忍了。唯独没想过的是上去给他一拳，因为大脑里压根没种下打架的基因。

我又后退了几步，靠住一根电线杆子等待结局。

估计对方也没什么打劫的经验，又遇见我这么个缩头乌龟，竟一时半会无计可施。

中午的太阳放毒般地照着，我一手紧握玻璃瓶一手紧握俩钢镚儿，以刘胡兰不屈的姿态与“敌人”对峙。

“敌人”没有铡刀，所以也有点臊眉耷眼，我看见一道汗顺他脖颈子流了下来。

做饭的爸妈此时心神不宁，万事俱备只欠东风，其他都张罗完了就差那瓶子酱油炝锅了。俩人一合计，我消失的时间都足够往合作社走三个来回了，这酱油打得不同寻常啊。

妈妈立刻出了门，第六感告诉她没那么简单。

大老远的，妈妈就看见了紧贴电线杆子的那颗大头，在阳光下越发明晃晃的。

哪个大人都怕孩子受委屈，见我像受刑一样，妈妈简直要泪如泉涌了。她在十米开外便大喝一声，那犯下滔天罪行的小兔崽子“嗷”的一声跑了。

妈妈上来搂住我，我依然保持着刘胡兰的姿势。不过，她明显感到我的肩膀在抖。

“你怎么不跟他打？拿瓶子拽他啊！”

“那酱油就洒了。”我小声说。

“还管他酱油呢，男子汉就得勇敢点！”

我默默点头，把攥出水儿的钢镚儿递给她。

妈妈又有点要哭的意思。

很长一段时间里，我脑子里都无数遍重复着那天的场景，设计着我英勇搏斗的各种姿态，欣赏着对手落花流水的结局，并且暗暗下定决心，再碰上这样的情况一定得拳打脚踢置“敌人”于死地。

但事实上，四十年过去了，这一计划仍然搁置，一直没机会实施。有时，我竟蠢蠢欲动：啥时候打一架呢？

世界那杯不是我的

世界杯那段时间，微信里狂转一个段子：

老婆：这是哪队踢哪队？

老公：法国踢尼日利亚。

老婆：这是中超联赛吗？

老公：世界杯！

老婆：中国队在哪儿？

老公：跟你一样在看电视。

老婆：为什么不去踢？

老公：国际足联不让。

老婆：是因为钓鱼岛吗？

老公：因为水平不行。

老婆：不是有姚明吗？

老公：……，滚！

看完这简洁的对话把我乐坏了，因为我感觉自己分明就是那个傻老婆！

我是彻头彻尾一典型的“足球盲”，平时从不看绿茵场上的比赛，嫌他们高潮来得太慢，二十几个人折腾半天也不射门。不像篮球，24 秒不出手就违例了。因为不看，所以头顶着各种光环的球星们在我这统统黯然失色。我根本分不清哪个是梅西哪个是梅东，哪个是内马尔哪个是外马尔……把他们正确归属到所在国家那绝对是高级选项了，在这么惨绝人寰的试题面前我只能是可怜的零分后生。

相比之下，身边很多人说起球星来熟得跟聊自己二大爷似的，头发是直还是弯、脚丫子有多大、外号有几个都一清二楚，连小哥哥们的女朋友美不美、浪不浪，到底在哪旮旯藏着都如数家珍，个个都跟档案管理员似的。

每每遇到这样的脱口秀我都一脸茫然，外表看起来像个痴呆患者，跟小时候凑在英语角里一个模样。

有一个极端事件发生在 1994 年。那年世界杯的决赛据说惊心动魄，历史上第一次用点球的方式诞生冠军。世界杯的直播时间很少能让中国球迷舒坦的，大多是在后半宿。但决赛的魅力，时间能阻挡吗？我那群“草根”同事们吃着盒饭唱着歌，天刚微黑就早早等上了。彼时我们工作生活都在一个大屋子里，那个闷不透气的空间既是机房又是餐厅，既是办公室又是卧室，几节铁皮柜围住几张行军床就是我们做梦的地方了。经过几番谁是冠军的激烈争执和犹豫不定的押注后，开场的哨音响了。伴着洛杉矶“玫瑰碗”体育场几万观众的轰鸣，我躺在自己老旧的钢丝床上美美地睡着了，小伙伴们聚焦的电视离我的耳朵只有不到五米的距离。过程中我被各种频率和音色的号叫惊醒过，但眼睛都没睁一下，翻个身淡定地继续睡。我想，那晚上的我在别人眼里一定是另外一种意义上的“男神”吧。

因为第二天他们揉着惺忪的眼看我的时候，有说不出的意味深长。

追忆我这失败的足球人生，大概缘于一次惨痛的经历。时间是一个傍晚，地点是我家胡同外的街道，人物是四五岁的我和两个血气方刚的大哥哥。那俩小伙儿相对而立，十几米的距离中间是被他们踢得虎虎生风的一颗破旧的足球。忘了我是因何被安排在此出场的，总之我远远地要从他们身边路过回到能吃晚饭的家。有的时候人的第六感特别准，看着他们强悍的身体，年幼的我就在小脑袋瓜里暗暗地祈祷：那颗力大无比的球可千万别踢到我脸上，否则……

正做否定选项的时候，只见对面的那个长腿哥哥飞起一脚，破皮球就像发疯了一样插着翅膀稳、准、狠地砸在了我的脸上。那一刻，由于鼻子是突出于面部的，所以它最先有了感知，麻中带痛地钻心而来。继而眼睛完全被星幕所遮蔽，比现在舞台上的效果还璀璨，0.8 秒后后脑勺得到了完美地撞击——从我黑暗的预感诞生到悲惨的现实到来，根本就是说时迟那时快的节奏，一个好端端走路的少年瞬间被一颗邪恶的足球仰面击倒在地。那个该死的哥哥用了多大的力道啊，以至于我刚刚看到他抬腿就已经躺在了硬邦邦的柏油马路上，一阵撕心裂肺的哭声从我胸腔挤压出来，并深深刻进了历史。

后来我是怎样被长腿哥哥扶起来，怎样被送到妈妈面前的都不记得了，但那颗不友好的足球至今仍清晰地盘旋着，并裹挟着一阵阴风，什么时候想起来什么时候都鼻子酸酸的。

大概就是从那个时候起，我对“足球”这两个字生了厌恶，无论如何都生不了好感。记得小学上体育课，但凡得知课堂活动跟足球有关，整个人立马感觉就不好了。我宁愿 45 分钟的时间里一个人默默地坐在操场边上，也不去碰那个看起来挺漂亮的球。

可能像我这样的在茫茫人海中没几个，绝对是稀有文物，但我不畏世俗的眼光，几十年都我行我素。

掰着指头算下来，其实我也是认识几个足球名人的。比如，经常裸身，混迹于时尚圈的小贝；比如未老先衰，善于使用脑袋的齐达内；再比如来自“外星球”，龅牙并豁着口的罗纳尔多——他们太好认了，曝光率那么高，再不知道连我妈都得打我了。还有一个我也认识，场边上有型有款的大叔，长得帅，穿衣也帅，连抠鼻孔都超帅的勒夫！

孙语歌

第一章

瞬间改变的人生

人生，看起来很宏大，其实它是由一个个小脆弱组成的。如果哪天一不小心被小脆弱绊倒，弄不好就会栽到一个无底的天坑里，瞬间就被改变了。

在我小时候住的那个厂矿宿舍区里，有一家人特别出众，父母尽管都是工人，但身上有种说不出的儒雅，从厂大门出来你一眼就能从那些满身油污的人群中把他们辨别出来。一双儿女都是按偶像派设计的，尤其是那位留着三七开分头的哥哥，没挑的五官合理地聚合在一起，比当时正火的唐国强还耐看。他平时总爱穿一件高领毛衣，像极了正在播出的电视剧《血疑》里的三浦友和，就是拎着瓶子去打酱油都有人参观。他要去肉铺买肉，操刀的大姐立马给割一块带大肥膘的，白花花的让人羡慕。因为那会儿食用油供应短缺，大伙儿都希望凭手里可怜的肉票买点肥肉回来炼点猪油丰富味蕾，剩下的油渣还可以烙饼，要多香有多香。

但每次我去买肉，案板后的大姐总是不容分说地挑最瘦的给我。如果稍有异议，她就把手里的大片刀狠插在肮脏的案板上，怒目圆睁，活像个黑李逵。每每在这种时候，再对比了“三浦哥”，内心的自卑感油然而生。

传说中的“三浦哥”连坐公交都不用花钱的，门口两趟线路的车基本平趟，售票员大姐一般眼睛里都长着钉子，谁有逃票的小想法都会被钉死在门口，不掏钱甭想蒙混过关。可遇见“三浦哥”情况就大有不同了，“男神”不紧不慢地上车，从不为抢个空座位而失态，总是把身子斜倚在离售票员不远的铁杠子上，目光迷离地望着窗外。在售票大姐报完站名的间隙，“三浦哥”还会偶尔拽一下高高的毛衣领，露出微微凸起的喉结，像是透气，又更像是在暗示着什么。一般的大姐看一眼那白生生的脖子，抵抗力立马就降为负值。

下车的时候，大姐也会例行查票。“三浦哥”双手斜插在裤兜里，微微一抬头送出两个字：月票。那磁性，跟赵忠祥似的。大姐会心地目送“男神”下车，其实谁都知道“三浦哥”从来都没买过什么月票。

“三浦哥”的妹妹长得不像山口百惠——要那样就乱了，但眼睛绝对比山口的大，个子也比她高。那年月高跟鞋是神物，几乎无法在寻常人家看见，但“浦妹”想尽办法从遥远的上海托人买来一双，蹬在脚上瞬间生风，两条显得更长的长腿经常引起“地震”，尤其是在男士们留守的阵地，随便一过，全军覆没。

到了夏天，“浦妹”的腿就成了万能通行证，停在哪儿都好使。那时候豆腐也像“浦妹”那么稀缺，一般情况下买不到，得突然有一天街上行人口口相传“卖豆腐了”，大家这才从抽屉底层拿出搁置多时的豆腐票，拎个大脸盆奔合作社的门脸而去。在大伙儿奔走相告、风风火火的情形下，“浦妹”一贯淡定，从不担心排在队伍后面买不上。但见她踱着小步，把一个鲜红的塑料盆虚扣在头顶遮着太阳，两条招牌腿不紧不慢地经过躁动的人群，径直走向柜台里面，叫一声“王哥”豆腐就来了，一块块码得还倍儿齐。再看看外面排起的长龙蜿蜒而不安，从后半段起人人都担心豆腐又要卖完了。

“浦妹”端盆出来，把艳羡的目光甩出好几条街去，估计现在人们爱用的这句俏皮话就是这么来的。

有了这么两个级别的儿女，当父母的真省大事了。当然，谁也没想到美丽人生有一天瞬间就改变了。

那是一个冬季里明媚的周末，没任何迹象表明这一天即将发生什么。“浦妹”哼着张蔷的《星期六》，一大早就跟闺蜜逛街去了：星期六星期六，脚步接近了；星期六星期六，今天星期六。打一个电话，梳一梳头发，换上牛仔裤，带着男友轻松地走在宽阔的大马路……这直截了当的歌词特别能反映“浦妹”直截了当的心情，尽管还没有正式的男友，但街面上有无数“男友”正流着哈喇子翘首企盼呢。

“三浦哥”没那么悠闲，他得帮爸妈干家务，比如换煤气罐就是最紧迫的任务。那个贫瘠的年代家家都得精打细算，民间有很多勤俭节约的好办法，就拿换气这事来说也有省钱的小窍门。“三浦哥”在拎煤气罐出门之前，用心掂量了一下分量，感觉里面的废气很多，这样去加气会吃不少亏。他跟老爸提议得把占空间的废气倒掉，尽管加气站对此明令禁止，但好多人都这么干。“浦爸”觉得有道理，钱能省一点是一点。

在爷儿俩商量节约闹革命的时候，“浦妈”也没闲着，她收拾完屋子后准备把取暖的炉子点着。那时的平房都没暖气，家家靠炉火过冬。对于增收节支的事儿，她当然也没拦着。

在自家的小院里，“浦爸”熟练运用了他的钳工技能，在儿子的帮衬下把阀门拧开，让胖胖的煤气罐来了个头朝下。倒出来的废物先是浓浓的液体，继而迅速变成了刺鼻的白烟儿。历史常常这样安排，几个看似不经意的细节连在一起就诞生了天大的悲剧。现在看来，父子俩的动作十分危险，但当时并没有引起“涓妈”的注意，她恰恰在生炉子时没关家门，弥漫的液化气随着空气的流动灌满了屋子，灾难已经包围了他们。在她滑动火柴的瞬间哪怕犹豫一下也好，可她没有，弹指一挥间，那个平凡的小院顿时变成了火海。

离地面上那片凶恶的液体最近的“浦爸”伤势最重，经抢救无效撒手人寰。“浦妈”和儿子都是重度烧伤，当时便不省人事。

火光冲天的时候，“浦妹”还在心花怒放地逛着街，那个没有传呼机没有手机的年代让她对惊天悲剧一无所知。等她嗑着瓜子回到家时，那个温暖的家已经漆黑一片，刺鼻的焦糊味儿侵到了骨髓里，让她一辈子都忘不掉。

最悲剧的一定是“三浦哥”了，经历了漫长的肉体折磨后，精神的摧残在随后幸免于难的人生中如影随形，始终纠缠不肯罢休。据说从此以后在这个残缺的家庭里再也找不到一面镜子，哪怕有反光的东西都被悄悄地藏起来。“三浦哥”和妈妈尽管数度植皮，但康复后的脸已经完全变成了“地狱”的模样。那个曾经英俊帅气的阳光青年再也没有出过家门，连影子似乎也消失在了小巷深处，没人再看到那件写满气质的高领毛衫，没人再看到那个挺拔的身影从面前骄傲而过……

命运似乎是个巨大的陷阱，表面看不到任何杀机，但一不小心就会让你坠入凶险的境地，再也看不到阳光。

第一章

“三顾毛驴”

表弟很小的时候就离开父母来我家住了，不是缺衣少粮，而是因为学习太差，差到一塌糊涂无法收拾。

表弟一直是姥姥带大的，小脚老太太没文化，压根不识字，所以只惯着他吃喝，从不问学习的事。结果上完小学一年级，除了“毛主席万岁”会写外，其他的一概不知，拿出一个字来都跟他的敌人似的。

表弟的妈妈，也就是我二姨，优秀的党员积极分子，在单位拼了命地工作，经常下乡普及计划生育知识，在田间地头给满腿是泥的老乡耐心讲解“小雨衣”的使用方法，对儿子根本无暇顾及。

于是，她就把表弟托付给了当老师的我妈。

我妈在学校也是出了名的拼命，专挑硬骨头。她带的班一般都是差班，就是把一个年级六个班里倒数的几名学生攒在一起组成的“奇葩”班——各种调皮捣蛋的，各种发育迟缓的，各种反应慢的，都在这里。不过，不出两年我妈就能运用她的独家秘笈把他们都拉进及格线，然后化腐朽为神奇。

所以，二姨对表弟的前景十分有信心。

其实表弟是个很聪明的孩子，只是对学习不感兴趣，一见书本就自动切换到休眠模式。他就不愿安静下来坐一会儿，但凡有点空就玩，没什么可玩的也得到街上疯跑找痛快。

我妈总是强令他看书，有的时候他双手端着算术书，眼睛盯着蝌蚪一样的数字竟能笑出声来，心还在街上呢。

让他背乘法口诀，他经常是“三七四十一”“五八三十”，没一次说对的。

轮到学珠算的时候更是灾难，全新的口诀对表弟来说那就是“天书”，怎么掰扯都记不住。别说口诀了，简单的算盘名称他都分不清楚，哪个是框、哪个是梁、哪个是档都要翻来覆去地讲。

问他记住了吗？

“记住了。”他答得挺干脆。

妈妈用手指着梁问：“这叫什么？”

不说话了。

再怎么问，他都像江姐一样咬紧牙关。

“再想一想，刚才怎么教你的？”妈妈用手不断指着那条梁启发着。

憋了老半天，天才表弟终于脱口而出：“这叫按！”——他看妈妈一直按着那里，就很会意地编了一个。

多有想象力！

正要起急的妈妈也被逗得哈哈直乐。

我比他大一岁，头年的功课当然不在话下，所以一起写作业的时候还能顺便辅导他。

有一次，我帮他检查作业，老师让抄写五遍句子：“毛主席挥手我前进”。结果您猜怎么着？他写“手”的时候最后一笔拐错方向了，直接变成了“毛主席挥毛我前进”，而且五遍都是“挥毛”。

我赶快让他擦了，那个年代弄不好这就是“反革命”啊。

表弟除了不爱学习外，其他的都喜欢，尤其喜欢小动物，什么蝈蝈、蛐蛐、毛毛虫都是他朋友。那年月养狗的还很少，谁要有一条四眼狗，他简直到了“羡慕嫉妒恨”的地步。

有天早上上学，他狂抹姐姐的雪花膏。我问咋了，他神秘地告诉我：“听人说狗喜欢香味儿，我抹香点校门口那条狗就能跟我玩！”

不知道谁告诉他的歪理邪说。

关于动物的问题他都留心。比如音乐课上老师教唱“若是那豺狼来了迎接它的有猎枪”，于是他问我：“豺狼为什么比别的狼厉害？是因为它平时吃柴火吗？”

再比如，他很认真地咨询：“兔子到底有几条腿？”

“四条啊。”

“可为什么老师非说‘仨’呢？”

“不会吧？”我很诧异。

“没错，她读课文说‘兔子仨腿跑……’”

我拿过课本一看是“兔子撒腿就跑”。

我觉得，这完全可以贡献给郭德纲当段子使。

有一年暑假，老师规定必须读名著，开学后要检查。

妈妈知道这对表弟来说难度忒大。她专门跑到新华书店买了一套《三国演义》的简易读本，估摸着他对打仗感兴趣能看进去。

结果，假期他光顾着跟小伙伴在街上打仗了，书根本没翻过。

妈妈跟他讲，如果不读书，家里那些会叫的小虫子都得给扔了；老师知道了，下学期的学农活动也不让去，蚯蚓、青蛙啥的都不能捉了。

表弟一听，这可严重了，怎么能失去这些动物朋友呢?

接下来的几天，他开始恶补名著。

等他说看完了，妈妈检查成果:“给大姨说说，看完这本书你都记住哪些有意思的故事了？”

表弟转着眼珠子，一拍脑袋:“三顾毛驴！”

敢情他是有多爱动物啊!

第一章

56 排 3 号

这是上世纪 70 年代我家的门牌号码，它能像刀刻的一样刻进我的骨髓。

我的家只有一间半平房，向阳，但阴气很重。

据老爸的工友说，我们住的那片地方原来是很大的一块坟地，在厂矿建设过程中把它平了当作职工的宿舍区。

如果你是个无神论者，我肯定得跟你较真，因为在我小的时候经历了很多你无法解释的事情。

有一种普遍的说法，孩子的眼睛能看见神秘莫测的东西。我坚决赞同，因为我就是这样的孩子。

大概是在我四五岁的时候，和爸妈睡在一个大床上，有时半夜醒来无意中抬头看，就会发现有三个男人站立在我们的床头。有一个很高的在中间，其他的分立两边，那个高个子至今我还有印象：头戴礼帽，身穿长袍，完全是清末民初时的人物形象。

要知道，70 年代初没有电视，电影也很少，还是小毛头的我根本没在任何地方见过此种模样。所以，如果是幻觉也应该是自己了解的形象吧，怎么可能是陌生的东西呢？

很久以后我才在影视作品当中见识了这种穿戴的人，才知道那个黑色带沿儿的帽子叫礼帽。

“礼帽哥”和那两个同伙默默地站立着，由于夜半时分一片漆黑，所以我看不清他们的脸，只能分辨出除了中间高瘦的外，旁边还有一个矮胖的。

现在写到这些文字，我身上都起鸡皮疙瘩。

我见他们没什么企图，便扭身睡了。第二天，我告诉了妈妈，妈妈吓得不知所措，一再确认：不是做梦吧？

后来我也多次问自己这个问题，但显然不是。因为我又有一天看见了他们，还是那样的站位，还是那样的姿态。我用力掐了一下自己的胳膊，挺疼的。于是我摇醒了妈妈，让她证实一下。

妈妈带着颤音问我：“在哪儿啊？”

我说：“就在咱们屋子中间站着。”

妈妈怎么也看不见，她甚至空洞地喊了一声：“谁呀——？”

爸爸也被吵醒了，打开了电灯。

在15瓦的灯泡下，“礼帽哥”消失了，爸妈在惶恐不安中度过了后半夜。

尽管他们希望我确认是做梦，但心里对此不是半信半疑，而是确信不疑。因为有一个人比我的感觉还直接，那就是我的奶奶。

奶奶从小拉扯我长大，平时睡在那个小半间的里屋。

那里更是经常出状况，我亲身目睹了几次。

一般的流程是这样的：奶奶先是眼睛有点发直，表情僵硬，然后便说冷，冷到浑身颤抖，尽管是夏天。爸妈赶紧把老人扶上床，盖上被子后她还是冷，直到身上搭了三四层才稍稍安静了。

不一会儿工夫，奶奶嘴里便发出含混不清的声音，听不懂在说什么。

妈妈对此已经有点经验了，高声呵斥："你赶快出去，别在我们家！"接着拿起手边的鞋子等杂物朝奶奶身上扔去。

我被吓得直哭，爸爸安慰我："没事，不是在打奶奶。"

在妈妈不断的"滚出去"的怒吼中，奶奶哆哆嗦嗦地爬下床，像个动物一样四脚着地。在爬向家门的同时还在求饶："别打了，我出去，我出去……"发出的声音竟然是个男人的。

爬到院子里的时候，她突然倒地，像是被抽走了所有的力气。

看得出来，妈妈是个"女汉子"，换成别人早就吓懵了。

等奶奶再度被抬到床上，清醒后问："刚才是怎么了？我特别难受。"对于所发生的一切，她都一无所知。

后来我们让奶奶学学男人说话，试了很多种方式，都没听到那个口音。爸妈领着老人去医院检查，医生说不出任何毛病，也无法解释那些行为。奶奶的确很健康，来照顾我之前经常在地里干活伺弄庄稼。关键是在那种诡异桥段的前后，她都硬朗得像个"大寨铁姑娘"。

剩下的，只有一种解释了，你懂的。

如果你还不信，我再随便给你举个例子。

那年月的饭后娱乐只有打扑克，爸爸的同事们经常来我家玩。有一天玩得很尽兴，摊子撤得很晚，月黑风高，各自散去。本是相安无事，第二天一早车间再见，但其中一位王叔叔回家后便不是他了。

他家比我们家条件好一点，在一栋四层职工楼里。那时讲究节约闹革命，楼道的灯泡基本都消失了。王叔叔摸黑儿上去后，进门便开始了一段不自觉的表演。他也是一直说冷，躺在床上不停哆嗦。之后，跟摸不着头脑的家人说："给我双鞋吧，我没鞋了，我冷……"声音竟然是一个脆弱的小姑娘。

王叔叔的老婆可不是"女汉子"，头皮吓得差点炸开，"嗷"一嗓子扑出门外把左邻右舍的同志们都叫了起来。看着神志不清的老王，大家都说去医院吧，变身为女人的王叔叔却执拗地重复着那句话：“不去医院，给我双鞋，我冷……”

其中有点胆量和想法的人给王太太出主意：“赶快去找双你穿的鞋来，最好是棉的！”已经成了筛糠的女人趁着头脑还清醒，从床底搜罗出一双自己冬天穿的鞋，而后遵照大家的指示敞开门扔到了楼梯上。

王叔叔这才渐渐平静，不过他可没我奶奶身体好，恢复了一周后才重新出现在战斗岗位。面对关切的询问，他朦胧地记得从老孙家出来后爬自家黑咕隆咚的楼梯，到二楼拐角的时候他好像看到一堆杂物前有个什么东西蹲着。后来，就没后来了，完全进入关机状态。

其实，面对这样的事儿，大家并没有大惊小怪，因为在我们那片乱坟滩上建起的厂矿宿舍区司空见惯。

多年后住房改造，一部分平房被推倒建楼房，挖地基的时候经常会挖出散落的白骨。

原本我以为搬到楼房以后情况可能会好点，可是事情并没我想象得那么如意。

我家搬到五楼，除了朝阳的大卧室外，阴面还有一间小卧室紧挨着卫生间，我两岁多的小外甥女儿很自觉地对那间没阳光的房子避而远之。有天我在家看她，正玩得高兴，她忽然指着那间屋子说：“舅舅，有人！”

“哪里有人？”我故作镇定，其实后背已经有凉风掠过了。

“就那！”她指着小卧室。

“没人，不信舅舅带你去。’

“不！”她执意不肯，我抱着她往那走都不行，直用小脚丫子踢我。

我暗暗给自己壮胆子，一边大声询问“谁呀”，一边心虚地往里走。我得探个究竟，因为平时我就睡在那里。

事实证明，长大了眼睛也就混沌了，什么都看不见，一如当年被我摇醒的妈妈。我只能对着空荡的房屋勒令:“赶快出去，别在我家了!”

有天晚上，我躺在床上一直是半梦半醒的状态。蒙眬中我听到一阵诡异的哭声，循着声音我拉开了旁边卫生间的门，看见里面竟然有陌生的一男一女。我下意识地又喊“快出去，快出去”，顺手还拿起拖把朝他们抡去。

那一刻，我不知道自己怎么那么勇敢。

女的还在哭个不停，男的央求我:“求求你，让我妹妹呆在这吧，她没地儿去。”

我哪儿能同意呢，继续挥舞着拖把:“赶快出去……”

此时我彻底醒了，听见窗外同样的那个哭声持续了几秒，然后彻底安静下来。

我拉开灯，抬头看表，刚过12点。我叫醒了妈妈，把刚才的经历讲给她。她恍然大悟，看了一眼日历说:“今天是七月十五，鬼节。”

难怪他们会出来!

老妈又很欣慰地说:“这回好了，让你给轰出去了。”

我将信将疑，权当是一个巧合的梦境。

说来也怪，打那以后外甥女再来家里，她不再说那里有人了，还自己跑到里面玩，一点都不害怕。

尽管我是个顶天立地的男子汉，但从小在56排3号长大，不得不对四维空间里发生的事儿持有复杂的态度，特别希望《走进科学》能随我走进那片老房子，给我一个明白的结尾。

有意思的是，老爸去世后我给他选墓地，看中的位置几乎都卖掉了，只有零星的几个空位。我拿来工作人员手里的表格，其中的一个赫然写着:56排3号。

我毫不犹豫地确定了它，因为我知道冥冥中这个号码蕴含着无尽的信息和意义。

那一天大地飘摇

30 多年前的那一天是个悲情时刻，一切的哀伤都是从我的梦中开始的。

那时的我还是个无知孩童。记得头天晚上全家人在一起闲聊，在没有电视的年代，晚饭后通常是用聊天来打发的。

无意中说到了火车，爸爸很得意地告诉我坐火车很好玩，在上面可以吃饭、打扑克，还可以来回溜达，这让从没坐过火车的我感到十分新奇。

在上面能感觉到晃悠吗？不知道为什么我突然冒出了这么个问题。

一点都不晃，不像在汽车上还得扶稳了。在火车上茶杯里的水都不会洒出来——这句话我记忆尤其深刻，因为爸爸是修理汽车的，那时我常去他的车上玩，的确在颠簸的驾驶室里是不可能端杯水而平安无事的。

但在那晚的梦里，我坐的火车却剧烈地晃动起来。在新鲜的同时我开始纳闷了，爸爸明明告诉我是平稳无比的啊，怎么越晃越厉害呢？

此时，耳边传来的是奶奶惊恐的呼喊——“地动了！地动了！！”这是我平生第一次听到这样的词汇，尽管是老太太的土话。

全家人都醒了，手足无措。外面传来邻居们杂乱的声音。

尽管没有房屋倒塌，但迅速逃离出来的人们极其夸张，形态各异：有披着床单的，有一个裤腿有腿一个裤腿空着的，有母子俩互相穿错衣服的……那些光着屁股的小孩就更不足为奇了。

在特定的时刻人们好像失去了羞耻心，大家顾不上外表的不雅而大声议论着，突如其来的状况让人焦虑不安。

我记得那是凌晨，离平时人们正常的起床时间还有好几个小时。但大家一点困意没有，聚在一个个电线杆下无头绪地猜测、惶恐着。昏黄的灯光更渲染了不安情绪，远远看起来人们像一支庞大的逃荒队伍。

直到天色大亮，更大动静的地震没有再次出现，人们才慢慢回到自己家里。过了好久，父母所在厂矿的大喇叭里传来准确的消息：这次大地震的震中心在唐山——和我们在同一个省区。

那个时候信息是极其闭塞的，不像现在有“万能”的微博、微信，所以大家无从知道唐山的具体情况，更不会了解唐山人民身陷灾难的悲惨状况。

尽管我们那里没有伤亡的消息，但恐惧一层层渗透进来。余震不断发生，我记得中午吃饭的时候忽然感觉坐着的小板凳左右匀称地晃起来，抬头看屋顶的灯泡也在摇着脑袋，于是全家人丢了饭碗飞奔到院子里。

刚刚感觉没事了，回到屋里坐在床上又晃悠几下像坐上了小船，人们跑进跑出像做游戏。我家还好，住平房跑着方便，最痛苦的是住楼房的兄弟姐妹们，他们被惊恐折磨得筋疲力尽。

此时，人在大地面前显得多么苍白无力、脆弱渺小。

不知从哪一家开始的，家家户户不用号召都在大街上搭起了抗震棚，用木杆、帆布粗略组合而成的棚子形态各异，高低大小样式风格绝没有相同的。

我家也没落后，爸爸好像没费什么力气就攒了一个，没别的毛病，就是钻里面太闷。但孩子心里永远都有游戏情结，甭管样子好不好看，躺在里面睡觉就是觉得好玩，既安全又新奇。

左邻右舍的小伙伴们成群结队地扭在一起，在各个防震棚里钻来跑去，就连在里面甩扑克也觉得过瘾，灾难带给我们的反而是无边的欢乐和自由。

大人们的心态也逐渐平和起来，反正无论在屋里还是在大街上日子照样过，谁家也没有山珍海味，谁家都是土豆炖茄子，没有攀比的落差，更谈不上高品质的生活追求。我记得妈妈在防震棚里挂着一个磨旧的“军挎”，包里装的是炒好的蚕豆，她说“即使粮食断了顿，这豆子还能给咱支撑一阵”。

在全体人民钟情于防震棚的时候，唯独我奶奶是特立独行的，她最看不上这些古怪的棚子，说那不是睡觉的地方。无论爸妈怎么劝，她都不肯进去，每天依然在屋里宽宽敞敞地睡，“我不信咱家的房子能砸死我”。

直到秋天来了，大家才依依不舍地搬进了各自的房间，妈妈那一“军挎”蚕豆早让我吃光了。尽管地震再也没来，但人们还是发明了防震床——上下两层的那种，估计是从防震棚那里得来的灵感，这让很多家看起来像我日后住过的大学宿舍。而买不起这种床的人家便把普通的板床架高，在底下搭起地铺求得心里的安稳。

我在这样的地铺上睡了很长时间，至今还记得抬头是床板、伸手是地面的那种感觉……

胶片时代

如果你问现在的孩子胶片是什么，估计没一个能答上来的，十有八九猜它跟食物有关。

也难怪，现在一切都数字化了，要照相举起手机就能拍，即刻就能看成果。而在我们那个灰色年代，相机和胶片绝对是奢侈品，咱小老百姓家想都没想过。不是关键时刻不会到照相馆花冤枉钱的，偶尔去一次也紧张得要命、古板得要命，所以，苦等一个礼拜才能取出来的相片中的每个人看着都怪异，就是有露牙齿的也是皮笑肉不笑的标本模样。

那会儿，谁也不会弄个剪刀手啥的，更别说“卖萌”了。

不过，我很前卫，尽管一年也照不了一次相，但手里却有胶片，而且还是电影的！牛吧？因为在我小学的班级里，有一个同学的妈妈是放露天电影的。

那个时候，看电影是每周最高兴的事儿。父母所在的厂矿是每周五休息，所以周四的晚上按现在的话说那就是一场文化盛宴。在宿舍区有很大的一块空地是专门给放电影用的，有焊好的铁架子，有红砖头垒起的小房子。每到周四下午，我们的心就已经基本不在书本上了，有人还利用课间那点空闲飞奔去视察状况，捡点破砖头瓦片码出一小块领地占个绝佳的好位子。看过《动物世界》里狮子王在关键地界爱撒泡尿吧，一个道理。

晚上，无论大人小孩都提着自家的小板凳，仨一群俩一伙地坐下来聊着闲篇儿等小红屋里射出那道亮光。

其实，片子不外乎那几部，《青松岭》《春苗》《杜鹃山》……台词基本都会背了，但同志们的热情一点不减，眼睛盯着大银幕，有手里织毛衣的、有玩弹弓枪的，当然也有偷偷拉别人手的。就像春晚，那儿演着，这儿搓着麻将。

正片看腻了，有人专等前面的加片，大部分是毛主席在接见哪个国际友人，大寨又有了什么新成果了，跟现在的《新闻联播》一样。还有人正面看烦了，就专门跑到银幕后面去把一部部经典反方向再看一遍。

有的时候遇见雷雨天，刚看着李仁堂演的村支书赶着大马车唱了一句“长鞭哎，那个一呀甩嗨，啪啪地响哎……”，大雨点子就下来了，打在脖颈子上生疼。人们呼啦一声赶快抬屁股就跑，当然了，被屁股焐热的那只板凳是断然不能丢的，提起来再放脑袋上能当草帽用，那气息自己很熟悉。同时，人们一边跑大喇叭还一边唱：“沿着社会主义大道奔前方哎……”，没一点违和感。

等那阵雨过去了，喇叭里有个女声喊：“大伙儿回来吧，电影继续放！”同志们又呼啦一下重返失地，内心对这位握有生杀大权的革命女将充满了敬意，因为这个难得的夜晚是就此散摊子还是看个回笼热闹都得听她的，别人不会捣腾那个转着俩轮子的机器。

这位伟大的阿姨就是我同学他妈，因了这么个特殊缘故，我的这位王姓同学也同时伟大了。

他手里的法宝跟别人不同，绝对稀有，就是那长长短短的胶片。看过《天堂电影院》吧，放映时断片后剪下来的废品，他书包里经常带着，谁跟他好就给谁一段。举起来对着阳光能清楚地看到那上面的小人影，在大白布上活动的英雄形象竟然能在手里静静地呆着，那感觉现在的孩子永远体会不到，而且胶片两边均匀分布的两排小孔都显得那么有档次，深藏了许多奥妙。

掌握了稀缺资源，就掌握了人脉。“王胶片”虽然学习不咋地，但却有相当大的话语权，身边很有一批拥趸者。

男同学们要想得到点小人影，就得本着原始的物物交换的原则。有好的烟盒或者漂亮的玻璃球，能换回一两格；如果你替他连续写完三天的作业，那么能换回一长条；如果你从老爸那偷出两根“大前门”，在厕所蹲坑的时候给他点上，那么你收获的很可能是几长条，而且还是彩色的。

相比较而言，女同学来得更容易些。比如说一个从延庆转学过来的大辫子女生，“王胶片”是主动送上门的。该女生尽管辫子粗又长，但不叫小芳，也不太漂亮，有只眼睛还稍稍有点斜。因为是新来的还是延庆的，人气就很旺，虽然大家并不知道延庆在哪儿，究竟是个什么样的地方，但从大辫子嘴里得知那里离北京不远。单凭这点，瞬间就在我们脑海里“高大上”起来，连同姑娘一并归入牛气的行列。

为接近她，“王胶片”很费了些心思。每次放电影，他都利用特权带那个姑娘进入到小红房子里和那个沙沙响的机器零距离接触，这是我们最不敢想，也是最艳羡的事情。

有一次，银幕上的画面演着演着就熔化了，特别像现在故意做出来的特技。常看露天电影的我们都知道，片子烧了。小红屋子里的灯亮了，我们看见他妈妈熟练地滚着装胶片的大轮盘，剪下烧毁的那个骨碌再接好后继续放映。有一个细节被细心的我们发现了，阿姨处理掉的那些胶片没扔地上，而是直接塞到了大辫子的手里。

看来，阿姨也挺喜欢她。

接下来的日子，我们班上这两个都有点独特的人打得十分火热。

早上，我们带的早点无外乎八分钱的烧饼或者半拉冷馒头，而大辫子却能吃上“王胶片”带来的热腾腾的烙饼卷咸菜，咬一口之后眼睛还幸福地翻一下，斜点的那只好像也正规了；原来小王的作业经常找我来写，后来成大辫子的专利了，尽管半个北京人的口音挺怪，但他听这样的讲解似乎很入迷，时而还不停点着小脑袋装作很懂的样子；学农时，大家去掰玉米棒子，大辫子心情特别好地在争优比赛中得了第一名，“王胶片”拍的巴掌比谁都响，并说出了惊世骇俗的一句话：“明儿晚上让我妈给你放场电影！”——这节奏赶上现在的“土豪”了。大辫子一激动，踩田埂的脚没落稳，出溜一下崴了。这真是乐极生悲的典型例子，看她眼泪汪汪的可怜样，小王二话没说奋不顾身地背起了她，从田间回到学校大半个钟头都不带落地喘口气的。

就在我们都觉得他们要像高年级的同学那样会发生点什么的时候，王胶片突然降温了，延庆姑娘看起来也有点臊眉耷眼的。

我们都好奇地问为什么，王同学犹豫了半天才说出答案：有一天拿给“女神”一段最新的彩色胶片，那上面印着《杜鹃山》里女一号柯湘的特写头像，特别金贵。正和她一起兴致勃勃欣赏的时候，大辫子突然放了一个响屁，事先一点没商量，也没给他任何思想准备。

“女神”能发出这样的动静，他整个人都震惊了。于是，他二话没说彻底来了个了断。

没想到啊，“王胶片”还真有点血性。

子非鱼安知鱼之悲

几年前金正日去见“马克思”了，朝鲜人民哭天抢地痛不欲生。有人说假的、作秀，我觉得说这话的大多是年轻人，因为他们没经历过此等天塌大事。

在遥远的 1976 年，此情此景已然上演过。我依稀记得那是个晴朗无云的日子，我和一干小屁孩在各家还没拆掉的抗震棚里追逐玩耍，忽然街道大喇叭里传来一个成熟男声发出的沉痛声音：伟大的无产阶级革命家，伟大的……伟大的领袖毛主席因病逝世！

大人们都停下了手中的活计，震惊得真如听到了晴天霹雳，空气瞬间凝固。有人先发出了啜泣，接着无论男女都跟着号啕。

我们也都停止了嬉闹，四处观望并六神无主。

我听见妈妈说：“这可怎么办？天塌了！”

旁边的人小声议论，毛主席逝世了会不会天下大乱？

接下来的日子所有的人都忧心忡忡，你可以不断听到这样的设想：毛主席逝世后，“美帝”和“苏修”是不是会趁机打过来？“牛鬼蛇神”和“地富反坏右”是不是会趁机复辟？

也有人在痛恨并诅咒1976年：这是个大灾年啊，周总理和朱总司令逝世了，谁能想到毛主席也逝世了！唐山地震还死了那么多人！

值得一提的是，无论正式场合还是私下聊天，大家都一口一个“逝世”，绝不说“死”这个字，仿佛谁说“毛主席死了”谁就是现行“反革命”似的。连我们这些小学生都个个谨小慎微，不敢越雷池半步。

每人胳膊上都戴了黑纱，每人胸前都戴了白花。我记得每家都是拿出最好的白纸来折花的，没事的时候同学们总在比谁的花最白。有人用一种叫作磨砂纸的，做出来的小花不是白而是晶莹无瑕，他们因此而骄傲。

平生第一次看见神奇的被称作“电视机”的就在那个时候。因为要集体观看追悼大会，我们学校不知从哪儿弄来了一台9英寸的黑白电视机。尽管画面上经常蒙着层层雪花，专管此事的老师不停摆弄着两根天线也无济于事，但我们从那里还是看到了毛主席的遗容、裹着黑纱的江青，以及天安门广场上黑压压的人海。

在追悼大会的过程中，老师们就已经开始痛哭流涕了，尤其是奏哀乐时哭声达到高潮。其中有一位男老师声若洪钟，哭起来共鸣特别好。平时我很爱听他朗诵，尤其是他读毛主席诗词是一绝，铿锵有力，气势豪迈。有人专等那一句：“不须放屁，试看天地翻覆！”抑扬顿挫得一点不低俗，特别正义凛然。

听别的学校学生说，真有白发苍苍的老师当场哭昏过去的。

那时还鲜见记者，也不兴电视采访。如果像现在这样有话筒伸过来，肯定能让记者录到一车皮肺腑之言，比朝鲜的同志们说得还好。

至今我仍然相信，那时悲天抢地的大多都是真实的表达，而且年纪越大的越厉害。哭泣，一半是因为真心崇拜毛主席，和他老人家有真感情；

一半是因为对未来茫然无措，平添了一种恐惧感。当然，我也相信，肯定有那种表演悲痛的，怕自己的平静被别人轻视，特别是小孩子。

我记得学校里也举行了追悼仪式，校长、老师代表、学生代表分别发言之后，每个人都要排着队依次向主席台上的巨幅画像鞠躬默哀。我的表弟，调皮的一年级的猴儿，轮着他走上去的时候，刚一鞠躬没像别人那样抹鼻子擦眼泪，反而噗嗤一声笑了出来。

这可怎么得了！校长亲自上前一把将其薅了下来，除了痛批一顿外还罚他独自站了一下午。

这个懵懂少年，一定会记住风雨飘摇的1976年的。我在想，如果在朝鲜，这个少年会是什么结果？

反正在我们山城，该少年结果不错，多年后娶了一位曼妙女子，岳父就是当年严苛的校长。

第一章

你是天才你知道吗?

我们每个人看似平凡，其实都潜藏着不平凡的能力，你没成为天才，只是你还不知道这个事实，还没有开发某个神秘的领地。

人类大师爱因斯坦，谁能想到他 3 岁的时候才会说话，孤僻得像个怪物。所有的家长都嘱咐孩子：别跟他玩啊，说不准出点啥事儿。老师也给出了评语：大脑忒迟钝，没什么发展前途。以至于很长一段时间爱因斯坦的爹娘都在检讨自己：是不是在生产他的过程中哪个程序出了问题?

后来，你都知道了，就是这个看起来自闭愚钝的普通人，提出了绝不普通的相对论，让那些绝顶聪明的人都很难理解。

曾经还看到过这样一个人物：

在美国的芝加哥，有一个叫薇薇安的平凡女人，除了很少的几个人知道她的名字外，她的生活几乎没有和其他人有任何交集。薇薇安没有爱人没有孩子，没有亲戚没有朋友，做着一份最不起眼、最底层的工作：保姆。就是这样一个可以完全被社会忽视的人，去世后却引起了巨大的轰动。

原来，在她工作的空闲时间有一个痴迷的爱好——街头摄影。一有机会，薇薇安就会穿一件廉价的夹克衫，端着她的禄来双反相机漫步在大街小巷，把她最感兴趣的人摄入镜头，把原汁原味的历史记录下来。几十年间，薇薇安留下了十万张尚未冲洗的底片。

因为穷困潦倒，她离世后，随身的财物被拍卖以还掉生前欠下的房租。此时，那一大批任何人都不知道的胶卷才被发现，一个多姿多彩的世界才在人们的视野中展现开来。那些反映 20 世纪 50—70 年代芝加哥街头的数量惊人的照片，以一种沉默的力量彰显了摄影师的才华。

薇薇安被后人称为街头摄影的“梵高”，一个地位卑微默默无闻的保姆出乎所有人意料地转身为大师。

所以，谁都有可能是天才。

我身边就有一个天才，那就是老爸。

老爸出身贫寒，小的时候几乎没怎么读书，只在私塾里学过一段时间。尽管文化功底不够深厚，但他聪明的大脑和灵巧的双手让他特别受人尊重，在我看来天底下好像就没有他不会做的事情。

前段时间老妈收拾卫生间，有一个杂物架很占地方，我主张扔掉它，可老妈执意不肯，她告诉我那是老爸亲手做出来的，舍不得扔，留个念想。

其实能留下念想的还有很多东西：厨房里炒菜的铁铲，年龄已经比我都大了，可老妈仍然在用着，她觉得比现在超市里卖的好用得多。那也是当年刚结婚时老爸做的，这是他们在一起的最好的见证。

还有家里最常用的小板凳、晾衣架、杂物柜等小家什，都是他丁丁当当三下五除二弄出来的，缺什么做什么。

我小时候的玩具也几乎都是老爸做的，弹弓枪、大铁环、滑冰车……

不一而足，只要我有想法，他都能立刻让梦想照进现实。

别说这些小玩意儿了，就连早年间院子里堆放杂物连带做饭的小偏房都是老爸盖起来的。别看它小，但五脏俱全，和我们住的公家建的平房没多大区别。多复杂的建筑工程啊，连门窗都是他一个人整出来的，现在想想都让我吃惊。

唐山地震那年，马路上搭起了各种模样的抗震棚，在那片老远一看像联合国的“难民营”里，数我家的棚子最工整、最好看，而且在几个月的时间里从没漏过雨。那时我才 8 岁，连下手都打不了，全都是老爸一个人设计、施工的。

生活中遇到任何问题，老妈总会说：“找你爸。”我们倚靠着这座大山永远都有安全感，因为无论面对何种状况，老爸都会说“我能”。就连邻居们也都是“有困难找老孙”，谁家的自行车坏了、谁家的黑白电视没影儿了都招呼老孙帮忙，甚至家里打新家具要刷油漆了也得老孙来操刀，因为他刷得又匀又亮。

对他来说这辈子最遗憾的是文化水平低，没上过正经的学堂。所以他常常恶补各种知识，一名钳工的手里总喜欢抱着各种书本。

在没有电视、没有太多娱乐活动的 70 年代，吃完晚饭的漫长时间我最爱听老爸讲故事，孙悟空、诸葛亮的精彩桥段都是从他绘声绘色的描述中熟悉的。往往第二天我稍加演绎再讲给小伙伴们听，他们都聚精会神，眼睛都不带眨的。如果我故意把故事的小尾巴留着不讲，一群小丫头、小小子会把我围起来不让回家的。他们打心底里佩服我，奉我为无所不知的“小神仙”。其实他们没明白，我那么灵通主要是我家里有个不一般的“老神仙”。

说出来可能你都不信，他没怎么上过学，但写得一手好书法。很小的时候都是他在督促我写毛笔字。现在我在小区偶尔碰上在写“地书”的老人，都不由自主想起老爸。那个时候，他就是拿着蘸水的毛笔，不停地在我家小院的地上练习，既省纸墨又方便实用，我也跟着掌握了这种本领。

一开始我练的是颜体，老爸觉得太规矩，写出来没个性。于是他想尽办法找到了一位擅写“颜变体”的书法家，并说服他收下了我这个最小的学生。世界上的事都是相通的，你要想有个性，想跟别人不一样，那就要付出比别人更多的辛苦。写字的道理也这样，“颜变体”看起来极具书法家本人的特色，结构、运笔都与众不同，但想要掌握它就得花很多工夫。

记得有很长一段时间，我的闲暇时光都被练字占用了，而且老爸的要求很严格，不练够不准出去玩。晚饭后，听着巷子外面的小伙伴们嬉闹的声音心里痒痒的，但炎热的夏夜只有笔墨相陪。

当然，一直陪伴的还有老爸。我写，他也写，而且我总觉得他比我写得好，写得更像字帖。

经过几年的努力，纸上的风云已经有点模样了。在一次全市的书法比赛中，我顺利地拿到了学生组的第一名，那是我此生中第一次获得那么高的荣誉。那幅书法作品还被刊登在了市文联的刊物上，妈妈替我领回了两块钱的稿费。

那也是我第一次挣稿费，尽管只有两块钱，但在我心中它闪烁着金子般的光彩。

老爸总感叹我生在了好的时代，有好的教育条件，有好的求知环境。我也常常在想，如果老爸也能像我这样接受正规的教育，估计一定是个大才子，甭管从事什么专业，一定是个出类拔萃的人才。

尽管这一切他都没赶上，但我仍然毫不动摇地认为，他就是个天才。人家都说“孩子的性格随父亲，智力随母亲”，如果这个定律能反过来，我得多么了不起啊！

第一章

我来世界的那天

手机里的垃圾短信特别多，经常是不请自到，尤其是大半夜的叮咚一响弄得你一激灵。如果有闲心看看，都是些跟你不沾边的事儿：卖豪宅的、卖机票的、卖汽车的、卖农药的……没个正经玩意儿。

但其中有一条却吸引了我，是卖旧报纸的。信中暗表：他们那里库存了很多老报纸，您要哪天的都有，越早的当然越珍贵，可以用那些原版的旧铅字来“感受生命之初，探寻世界变化”。就凭这句勾搭我的话，强烈的好奇心让我立刻勾搭上了他们。

没多久，人家送货上门了。于是，我迫不及待地看起了这份给自己订购的生日礼物。

还别说，我来世界的那天—— 1968 年 1 月 31 日，这世界还挺热闹。《人民日报》头版阵地给了正投身于你死我活的阶级斗争的兰考人民。怎么回事呢？原来是这个样儿的：被称为毛主席好学生的焦裕禄轰然倒下之后又来了个县委书记，原本大家都对他给予厚望，希望再给兰考树个新标杆儿，让这个穷地方继续红透半边天。但没成想“这个人和贫下中农根本不是一个心眼，他一来兰考就要把红旗砍倒”，对焦裕禄取得的成绩还竟敢说风凉话，并“疯狂镇压革命群众”……

报上没登这小子的照片，我真想看看到底是谁这么胆大包天，在当时竟敢对焦大人不敬。报头的《毛主席语录》特别有针对性，选取的是“没有贫农便没有革命，若打击他们便是打击革命”。这哥们儿竟然吃了豹子胆亵渎偶像，还报复贫下中农，就按这句语录去定罪，他最少也得是“现行反革命”。没啥说的，这倒霉催的肯定没好日子过了。

如果说这事让革命群众义愤填膺，那另外一件事得让人欢欣鼓舞了。在云南某地开了个无比隆重的庆功会，因为几天前解放军叔叔在那儿击落了美帝国主义的无人驾驶高空侦察机，这可不得了啊！

报纸描述的庆功会很有画面感：大会在雄壮的《东方红》歌声中开始，之后同志们齐声朗读《毛主席语录》。有位领导负责宣读嘉奖令，他先以无比激动的心情介绍了毛主席的身体非常非常健康，精力非常非常充沛，同志们听到这个“特大喜讯”后无比幸福无比骄傲，千万遍高呼“毛主席万岁”！

想起葛优在电影里向媒体宣布某明星“她不咳嗽了”的那种神态，忍不住让我想象了那位主持会议的领导，当他自豪地宣告毛主席他老人家身体健康的时候是怎样的热血沸腾啊！在当时，能亲眼看见毛爷爷那就是掌握了稀缺资源，那份优越感是眼下你拥有几个小煤窑的得瑟劲儿远远不能企及的。

只可惜那天我刚刚降生，无法感受那种独特的氛围。

再看看国际上的事儿吧，几乎都是反美的报道：朝鲜人民军在元山附近的海面俘获了一艘入侵领海的间谍船“普韦布洛”号，打死打伤若干，还生擒了 80 多名美国兵。

除此之外，越南、柬埔寨、老挝、泰国都在和美国人较劲，好像那会儿和他们对着干特别时髦。其中一篇报道说，老挝军民过去一年共击落美机287架！我想，怎么美军那么悲催，平均不到两天就让人灭掉一架飞机，送死也不能这么踊跃吧？难道那时的老挝也有“浮夸风”？

停留在60年代末的《人民日报》很枯燥，没几个版面，也没几幅图片。唯一有人影的报道也都离不开主席像、“红宝书”，照片里的人们笑容都很灿烂，无论是炼钢炉前的工人还是田间地头的老农，手捧“红宝书”的模样都很痴迷。

相比之下，那些地方报纸没什么大事可说，《解放日报》《文汇报》尽管有“浦江两岸尽朝晖”的通栏大话，但说的都是各种里弄有一搭无一搭的好人好事;《北京日报》则在“红太阳普照北京农村”的统领下弄些村里村外的鸡毛蒜皮。也难怪，那天是大年初二，大过节的谁还有心思写稿子，记者也是人嘛。

一个豆腐块里是几幅供大家欣赏的春联，其中有一幅十分对仗：红太阳千秋普照，毛主席万寿无疆。怎么样？牛吧？

那天北京、上海上映的电影一样，《鸡毛信》《小兵张嘎》《地道战》《平原游击队》……都是日后露天场子里演了一百遍的片子。这些电影信息被排在报纸最下方的角落里，字体很小，羞羞答答的，不像现在的广告气焰嚣张、铺天盖地。

从这四份老报纸上我还得到了这样的信息:《人民日报》在1948年6月15日创刊，我出生的那天是第7145号。那会儿的报纸很便宜，几乎都是四五分钱一份。

很感谢那条不太垃圾的垃圾短信，让我买到了真正属于我的报纸。尽管价格不菲，但它让我知道了我来世界那天都发生了什么样的新鲜事，感觉从来没有这样细致入微又饱含深情地读过报纸了。

第二章 青春酿出的快乐总是华丽丽的

生活 / 在年轻的眼里 / 是富含乙醇的 / 无论是哪一种色彩 /
层叠在记忆中 / 就是一杯妖艳的 / 鸡尾酒 / 与它唇舌相接 /
便一步步走向 / 快乐之巅

第二章

“学霸”争霸战

据媒体的报道，很多“学霸”并不是想象中的书呆子，他们能拼最高的分数也能拼最新的游戏，他们从不熬大夜但能扛拔尖的大旗。

事实大抵如此。中学的时候，我们班就有俩“学霸”，外语水平无人能及。这哥俩看起来并没有埋头苦干死啃书本，而是该吃吃、该玩玩，有一个甚至闲散地谈着小恋爱，当时流行的情歌他都会，并时不时对着自己的“女神”嘤嘤地唱。

每次考试，甭管是几“摸”都不在话下，当你还着急忙慌瞎对付呢，人家已经提前交卷了，特别不厚道。面对骄人的成绩，两人拿英语彼此祝贺并弹冠相庆，别提有多活学活用了。

再看我们班两个纯书呆子，对“学霸”心向往之，幻想有朝一日能取而代之。甲，每天除了必须做的早操和必须上的厕所，一整天都可以在课桌前稳坐泰山。课间，对各种活动嗤之以鼻，也懒得跟别人说话，两眼只负责看书。到中午吃饭的时候，他随便委托一位同学到食堂随便打点什么吃的，反正也吃不多，不挪窝去哪消耗粮食？我们都担心他的屁股别跟椅子粘上了，或罹患痔疮什么的。

乙，跟甲异曲同工，只是多一样毛病——看黑板或看书本之际会突然不挑时候地傻笑，然后再自言自语几句，谁也没听清过。如果你是刚来的老师，你会怀疑自己哪里讲错了，或者教材哪里出了问题。久而久之才习惯了，知道那是在他的小世界里倏尔起了波澜。至于那些含混不清的句子，只有等你有机会钻进他的脑子里才可以弄明白。

好在乙得不了痔疮，因为他的屁股没那么倔强。在中国女排勇夺冠军之后他还能适时融入席卷全国的排球热，尽管不能强力扣杀，但垫垫球还是可以的。有一次举办班级联赛，乙上场，鏖战之际对方一人鞋子出了问题耽误了几分钟，大家都趁机放松一下。没成想只有他放松大发了，脑子似乎又被某种意识所控制，眼神僵直，身体像被施了魔法一样在场地里一动不动。此时，裁判的哨声响了，对方队员发球。你说怎么那么寸，那颗白色的皮球跟商量好似的直冲乙飞来，而且正中其面门。正常情况下，飞来一物时人是会下意识地用手挡住脑袋的，但神勇的乙像被抽了魂儿似的敢于直面惨淡的人生。二球相撞后，架在鼻梁上的眼镜应声落地，此时乙又发出了几句莫测的语言，同时还闪出了一个莫名的微笑。

全场为此欢声雷动，这真是千载难逢百年一遇的绝佳景象，发球那哥们儿打死也没想到自己会有那么好的手艺，估计其他人成心配合演成这样都难。

乙从此名噪全校。

这样的人不用猜，学习成绩一定好不到哪儿去。他和甲虽然把自己埋葬在了书堆里，但离“学霸”的身影还差好几条街。

有一件事很好地诠释了这一点。

北大，所有人心目中的圣地，在我们眼里那就是抗战时的延安。有一

第二章

天红色特派员竟然空降到学校挑选外语保送生，这一消息相当于平地起惊雷，把偌大的校园炸得稀里哗啦。

当然，炸完多数人也就平静了，因为自己那点本事心知肚明。只有两“学霸”、两书呆子和几个不怕死的冲上了战场，像我们这样的芸芸众生连北大老师长什么样都不知道，想象中得长仨脑袋吧?

经过几轮拼刺刀，两“学霸”所向披靡，不出所料地屹立不倒。

但最终的结局不是理想的皆大欢喜，而是非常现实非常残酷，北大只要一个。又经过一轮缜密的笔试，“眼镜学霸”得胜回朝，不用参加刑场般的高考，直接进入北大东语系学阿拉伯语专业。其实论实力，他们是不相上下的。我们暗自猜想，是不是因为戴眼镜显得有深度才选中了这个他？是不是听闻了泡妞儿的小绯闻而没选那个他?

接下来的日子最气人，“眼镜学霸”照常交作业，照常来复习功课，只是手里的外语书换成了不知从哪儿淘来的原版英文杂志，弄得我们个个心里猛翻醋瓶子。

当然了，醋泡大山杏——酸上加酸的是“泡妞学霸”。

就像李宗伟倒在林丹球拍下一个道理，输是输了，但有一百多个不甘心。

你别说，“失败是成功他老娘”这话绝对没错。自打那天起，这位小哥暂且忘却了“女神”，和功课真正谈起了恋爱。不出几月，小脸瘦得像现在韩国大夫的作品，白净得能直接参加万圣节聚会。

“女神”看在眼里疼在心上，经常在一边给扇着扇子，绿衣捧端砚，红袖添面包。

终于，全国统一“大刑”后，“泡妞学霸”长舒了一口气，分数绝对能上北大，而且专业随便挑。只是他在填报志愿的时候，想起了像林丹扔拍子亲吻场地的疯狂情景，于是他下定决心要在同一块场地上扬起胜利的手臂。

他毅然决然地填报了北大东语系，而且必须是阿拉伯语专业。其实后来大家都明白，这个小语种招生相对比较困难，没有谁会主动报名的。

但有些事就得较劲，不蒸馒头争口气。

“女神”也劝，何必呢？读中文系多好，成为文学巨匠之后每天都能吟诵古诗、红袖添香了。但没有什么可以阻挡，他那充满复仇意味的悲壮。

结果，他如愿以偿和“眼镜学霸”一起走进了据说只有十几个人的班级。之后，在寒假重逢时，从他们的书本上，我们粗略地见识了什么是阿拉伯语，那些从右往左写的弯弯绕们看着就眼晕；听他们朗读，舌头也是弯弯绕的，搁我得崩溃了。怎么学呀？还四年？

不知道“泡妞哥”后来后没后悔，也不知道后来又在同一个班级的俩“学霸”还争不争，从他们在未名湖畔的全班合影上看，俩人笑得都挺不错，八颗牙都看见了。

第二章

历史之痛

上中学的时候，有两门课是我的死穴，一个是物理，一个是历史。这面目狰狞的哼哈二将，总是横刀立马不想让我过去。

先说物理，考试题中总有两颗无聊的小球，滚来滚去的成心为难你，一会儿动能一会儿势能，反正不把你折腾晕不肯罢休。我觉得这辈子知道点摩擦生电、热胀冷缩、湿手别摸电门等物理小常识足矣，咱又不个个都当牛顿，明白慢火炖牛肉热力均匀就得了。那些物理“学霸”们有几个最终步了杨振宁后尘的？估计现在再拿俩小球逗他们，他们照样玩不转。所以，掰扯那些没用的东西纯属瞎耽误工夫。

为了和姓“物”的彻底断交，我高中分科时顶着各种阻力毅然选择了文科班。在遥远的80年代初，市面上最火的一句话是“学好数理化，走遍天下都不怕”，因此选择文科仿佛要被社会唾弃一样。我开导极力反对的老妈：咱学文可以当记者，照样走遍天下，而且到哪儿都能蹭饭，多好！听了这话老妈才勉强同意了。

高兴了没几天，想不到送走了一位瘟神又来了一位，反正生活中的事儿都这样，不能让你舒舒服服随心所欲。这新晋冤家就是历史。

自打看见元谋猿人长那么难看，我就对这门课程失去了兴趣，一提起来就有点反胃。尤其是什么政治制度、农民起义、战争年月寡淡无味，经常背着背着就串了行。我永远也记不住乾隆、康熙、雍正这些个皇帝谁先谁后，也分不清哪个是爷爷哪个是孙子。啥时候复习啥时候都停留在历史书的第一页，两两相望，互不相识。

那会儿就喜欢数学、外语，每次考试巴不得先考这个，有点跃跃欲试的意思。等到历史大驾光临就有说不出的抵触和恐惧，头天夜里肯定辗转反侧，特别不想让天亮起来。

走进考场，寄希望于打打小抄、同桌帮忙递纸条。可就是这些个阴暗伎俩得逞了，最终的分数也高不了。高考的时候这门功课只得到 61 分，可怜啊。要是这个短板能拉长到 90 分，俺就能坐进朝思暮想的北大教室了。

有一个极端事件发生在一次摸底考试上。那是道普通的填空题，问发明活字印刷术的人是谁。我脑海里翻滚着一个“升”字，但怎么也想不起来这位伟大的先辈到底姓什么。经过一番排列组合之后，战战兢兢地写下了“李升”二字，这可能是受到隔壁班有个叫李生同学的影响吧。这笑话闹得挺大，历史老师当一段子讲，引得全班同学哄堂大笑。亏着老师善良没点我的名字，否则这辈子怎么做人啊！

说到这儿，得聊聊我的一位历史老师，在学校她是鼎鼎大名的特级教师。

她上课从不看任何教材，滔滔不绝时眼睛永远盯着天花板，好像那宽阔的石灰水泥上刻了我们看不见的文字似的。如果你觉得在这种独特的视野下可以趁机看看课外书、搞点小动作的话，那就大错特错了。你刚一低头，她手里的粉笔就射你脑门上了，倍儿准，连许海峰都没这两下子，如果他掌握了这种独家本领，没准提前四年就拿下了奥运冠军。送上门的粉笔还不用你还，老师一边讲着拿破仑一边不动声色地走到你面前，捡起那摔成两半的粉笔后还不忘用手指头再戳戳你的脑门子，让你一辈子不敢再忽视她的存在。之后，她再不动声色地迂回到讲台，嘴皮子没为此停留一秒。值得强调的是，整个过程中她不用看任何人，仍然保持仰头 45° 直视天花板的姿态。以至于课后我们都纷纷猜测，老师的下巴上是不是暗藏了一只眼睛？

于是，三只眼的老师被我们奉为神灵。

其实膜拜的原因还有一个，那就是我们的学姐——历史老师的闺女，比我们高很多届，虽然没亲眼见过，但传说中又红又专，是“学霸”级别的校花。据说她组织的英语角人气特旺，会不会的都往小树林里凑。

女儿永远是妈妈的骄傲，一提起她，历史老师的眼睛立马闪亮，绝不看天花板了。

但历史不是什么好东西，有的时候特别残酷。

那是个春暖花开的季节，已经在北京读重点大学的历史老师的女儿和同学们去春游，结果他们坐的船翻了，十几个鲜活的生命毫无征兆地消失在了冷冰冰的水库之中。

无法想象历史老师是怎么经受住如此晴天霹雳的，那么昂扬的一个人突然在我们视野中消失长达一年之久，再见她时无神的双眼却只盯着冷酷的大地。

高考是场永远的噩梦

曾经在电视上听一位话剧演员说，她经常做这样的梦：马上要登台了，突然发现自己的服装不对，演出服还在家放着呢！回去取，来不及；不去取，太着急。纠结中连跳楼的心都有，就在舞台总监狂喊“上啊上啊”的时候眼睛睁开了，方知此为一梦。

朱军的噩梦也神似：昂首挺胸走到台上了，才发现话筒没拿！扯着嗓子狮吼“中央电视台，中央电视台”，可一点声儿都没有，有心从旁边的周涛手里夺个话筒过来，但周小姐偏偏离他八竿子远，看都不带看他一眼的，这不急死个人吗？正在抓狂的时候，醒了。

都是职业病。

我做的同样质感的梦是这样的：晚八点要直播，只差十分钟就开始了，可走进一号厅抬眼一看，观众席上却空无一人！我的神啊，这可咋整？欲找导演、制片人理论，但环顾左右言啥也没用，一位爷都不在！急火攻心啊，直想尿裤子——事实上还真得感谢那泡尿，不是它憋醒我，还得在梦里煎熬呢。

这种梦偶尔为之。但有一种噩梦仿佛那啥似的，踩着点儿定期就来，一点儿商量没有。前一分钟在梦里头还活蹦乱跳呢，但转眼间传来噩耗：还有一个月就要高考了！

怎么又要高考？我反复质问自己，但始终没弄明白，反正是死活要考。什么书都没看呢，先复习哪一门呢？地理、历史、还是政治？都是老大难啊。这么短的时间内临时抱佛脚，能考上大学吗？

历史是我这辈子最痛恨的一门课，那些多如牛毛的年代简直就是我的天敌，记住它们无异于上刀山下火海。硬着头皮记吧！不记能考过吗？我暗暗鼓励着自己，下定了头悬梁锥刺骨的决心。可就在此时，那倒霉的历史书怎么也找不到了。怎么办？怎么办？直到急得一脑门子汗的时候才折腾醒。

捂着咚咚直跳的心暗自庆幸，吃人的老虎不过是个梦。

鄙人经历高考至今都快三十年了，但这种噩梦还在顽强地生长着，在说不清的哪个暗夜便开出一朵滴血的狼毒花。

周涛曾经跟我说，常做这种梦的人多半是因为当初考得不顺侥幸过关。现实当中让你躲过了这道鬼门关，但睡梦当中就另当别论了，专找你得意忘形的时候折磨你一下。

没错，对我来说，高考是我这一辈子的痛。

知道考大学这件事的时候，我还在上小学。在某个晚上，有个消息在我爸妈所在的厂矿宿舍区炸开了：本厂一名优秀的无产阶级子弟考上了鼎鼎有名的中国科技大学！

你能想象到，在闭塞年代的闭塞山城的闭塞厂矿宿舍区出了这么件大事，无疑跟广岛落下原子弹一样惊天动地了！

没见过这位哥哥的面，但瞬间他已成了所有人的偶像，大有毛主席第一他第二的阵势了。在以后，他的名字被无数家长无数次地运用过，尤其是在自己孩子不争气的时候。学不学雷锋无所谓，学习哥哥的精神是必须的。

这位哥哥很了得，未来的N多年不断传来他的传奇消息：在大学依然出类拔萃、年年第一；毕业后分配到北京进了科研所；飞到美国继续读博士；直至买了汽车、娶了美国媳妇、生了混血儿子……

每一次状态的改变都像钢针一样扎进了各位家长的神经，继而也扎进了我们这些正在读书还并不知道大学是怎么回事的孩子们的头脑里。

曾记得有教育学家这样说，你在孩子耳边不停表扬一个人想树他为榜样的时候，往往这个人会成为孩子们厌恶的敌人。

没错，反正从那以后我一听到那位神仙的名字就想吐。错不在他，而是疯狂的家长和老师们。

不管怎样，这只鸡窝里飞出的金凤凰的确给大家指明了一个前进方向，高考也很具体地描画出了鲤鱼跳龙门的景象。打上小学的时候它就让我明白了一个根深蒂固的道理，只有迈进大学的校门才是幸福生活的开始。

于是，高考就成了我们人生中最大的一件事。考上大学是最大的梦想，也是头顶上最沉重的一座大山。

但往往越想赢，输得就越惨。

永远不会忘记那个夏天。走出考场就知道大学与我无缘了，跟谁都不想说话，看见哪顿饭都不香，没有眼泪，但内心在痛哭。

平时学习成绩远不如我的同学都拿到了录取通知书，那种心情可想而知，“羡慕嫉妒恨”百味交织，抽自己嘴巴子的心都有。感觉最对不住的是爸爸妈妈，他们把一切工作重点都放在了我身上，原本拮据的家庭挤出钱来给我买蜂王浆、订牛奶，目的就是让我有更多的精神闯过高考关。一切都落空了，那种打击是一个青葱少年难以承受的。

被同事们称为“杨大胖”的妈妈，在我落榜后不长的时间里体重掉下去二十斤。我能感觉到身为特级教师的她在同事和邻居面前抬不起头来，自己的儿子都没考上大学，还能在讲台上从容面对学生吗？而少言寡语的父亲则更加沉默了。

那些飞跃龙门的学生父母则是另外一番景象，他们说话的声音都高了好多分贝，笑脸也映亮了一条条街道，连他们给孩子添置新衣、交纳学费的抱怨都透着幸福和光鲜。

一个人的成绩承载着一家人的荣誉和尊严，这就是高考的力量。

复读味同嚼蜡，从头再来绝不那么轻松。在我周围竟然有复读三年还在埋头苦干的顽强考生，其面色枯黄、神情木讷，看上去像经历无数风雨的中年人。

还好，我比他们幸运，让那种日积月累的压力和越考越恐惧的感受在一年后终止了。

拿到录取通知书的时候没有太多的兴奋，更多的是一种了结、一次谢幕，像舞者在完成了他长时间的既定动作之后，最大的愿望就是让幕布合上，让心灵回归宁静，精彩不精彩已经不重要了。

“军岛上嫂”

经常听见有人把“刽子手”念成“筷子手”，打上小学一直到现在几十年，耳边不曾间断，连香港的天王巨星在歌里都这么唱。是不是他们觉得把行刑之人称作“筷子手”有种举重若轻的感觉，仿佛最后的当口要请受刑兄弟到天堂里去吃顿晚餐？

“草根”们说说别字倒也无妨，可有头有脸的人物说出来那可就不一般了。

记得大学时的开学典礼，我们一干新生直溜溜地坐在会场听校长训诫。校长是位女士，外表高贵举止优雅，说话轻柔细腻娓娓道来，颇具高知阶层的风范，令我等顿生崇敬之情，而且还无端地自豪起来，进一步印证了自己填报志愿的伟大。

讲到要紧之处，女校长话锋一转，笑容沉静下来：“各位新同学一定要遵守本校纪律，不准谈恋爱，不准抽烟‘凶’酒！”会场立马嘈杂起来，很多人都听出了她把“酗酒”念成了刺耳的“凶酒”。没经历过大场面的我不知不觉地脸红起来，仿佛是自己当众露出了底裤。

校长并没意识到自己的错误，她以为出现骚动是因为年轻人对禁止恋爱有意见，所以她加重语气补充道：“上大学就是来学习的，等毕业后你们有了知识的填充再去花前月下，那才是人生中最‘侠’意的事。”妈呀，这回俺感觉底裤彻底被扒了，头都不敢再抬起来看她——“白富美”竟然把“惬意”说成了“侠意”！

打那之后很长一段时间我们都拿“凶酒”和“侠意”彼此开着玩笑，直到现在都印象深刻。当大家得知“白富美”是数学系教授时，好像这事也就情有可原了，刻毒的嘲讽才偃旗息鼓。

别看就一个小小的白字，真能让一座圣像瞬间坍塌。

有人说汉字太复杂了，同样的几个字不同地排列组合起来会有很多不同的意义，而且弄不好就成笑话。流传最广的是那位紧张的报幕员，面对舞台下黑压压的观众，她高亢流畅地说：“下面一个节目，请欣赏‘独子笛奏’：‘红叶枫了的时候’！”

乍一听，没什么毛病，细一品，全是包袱。其姊妹篇是“卖女孩的小火柴”“采姑娘的小蘑菇”，让人回味无穷的七个字。

别笑，生活当中净是这样的报幕员。

我高中的班主任是出了名的厉害老师，从来没见他笑过，连班级的新年联欢他都沉着脸说完开场白就撤了，估计也怕影响我们的情绪。几乎每天下午正课上完后他都要训话，而且一般不少于半小时，国内国外，小家大家，反正都是做人的道理。

当然，甭管说什么他都一个表情。

天长日久，我们也练就了一脸的刻板冷漠。

就有一次例外。校运动会马上要开了，他做战前动员，从运动对人的作用讲起，一直说到校运会的历史、与市运会的关系，接着顺便把跑接力赛的起跑、接棒的技巧详详细细地科普起来。我等昏昏欲睡，上进点的在脑子里运算着没做完的数学题，颓废点的幻想着回家钻被窝的各种美妙。

突然，高潮来了。他做部署时说：“明天的穿着一定要整齐，女生都穿裙子球鞋，男生都穿‘背衩裤心’！”

这个跟“独子笛奏”有同样分量的娱乐炸弹一响，他第一次当众乐了，一不留神把自己的处女笑留在了那个斜阳映射的讲台。我们也顿时醒了，全班爆发出久未到来的狂笑。

此后，“背衩裤心”成了班主任的代名词。

有的时候，越一本正经的人，口误也就越有喜感。

有一次做晚会，其中一个小品叫《军嫂上岛》，描绘三个军嫂去远离家乡的边疆小岛看望自己的丈夫。情节不曲折，但故事特别感人，每回排练审查都演员哭、观众哭、导演哭，领导也哭。

总结会上，领导们都不吝夸赞之词一致给予肯定。某重要领导更是难掩激动：“这个小品无论从思想性还是艺术性上讲，都可圈可点。我个人认为，在所有语言类节目中，《军岛上嫂》是最能立得住的。”

三秒钟后，与会者才从沉醉的情绪中跳脱出来，感觉到好像哪里不对。之后便是欢乐，有些人还发出些坏笑，因为“军岛上嫂”，本来严肃的事儿听起来偏偏有点暧昧。

这奇怪的排列组合传得多了便成了习惯。每次总结会，凡是涉及这个小品的，大家都小心翼翼认真摆布这四个字的顺序。可凡事越注意则越要出问题，很多人都义无反顾、不折不挠地跳入“军岛上嫂”这个大坑摔得不折不扣。而且，每次坏人们专门等着挖此深坑的那位领导，期待他再次折进去。说来也怪，每次都能得逞。只见该位同志目光炯炯深思熟虑之后，还是磕磕绊绊地从唇齿间流出“军岛上嫂”的声音，引来设计已久的爆笑，同志们好像吸了鼻烟后敞开胸怀打了个喷嚏那般痛快。

第二章

喜欢飞翔的样子

大一的时候被两件事震惊了：一件是本系大四的哥们儿和外文系大一的女生在全校通报后被“双开”，原因是其双宿双飞差点生出“双黄蛋”来。坊间流传了各种声音，很大一部分是扼腕叹息的，因为这两个偷腥小猫儿都是出类拔萃的高材生，尤其是姑娘当时才16岁，中学时连跳几级后高分考入了热门的外文系。在80年代的教育体制下，被学校开除打回原籍后，想东山再起是非常不容易的。别说繁杂的规矩和手续了，就连周遭的白眼就够你喝两壶的。

叹息的另一个原因是姑娘太过天真，说难听点是傻傻分不清。跟大哥哥越轨之后竟毫无警惕，持续感觉身体不适还居然坦坦荡荡地走进了校医院，还以为肠胃出毛病了呢。洞悉世态的大夫阿姨狐疑了一下，用了最原始的手段便查出了问题所在。化验单没给一直呕吐的姑娘，从校医院直接递到了学生处。有关领导扶了扶瓶底般的厚实眼镜，嘴角隐隐露出一丝得意的笑，像是特工队的人终于挖到了值钱的线索。那个年代校园里是明令禁止谈恋爱的，更何况逾越红线那还了得？本着对下一代认真负责的态度，领导亲自组织了调查工作，据说男女主人公是分别被约“喝茶”的，毫无保留地把时间地点及作案过程交代得一清二楚。为保护小女生的隐私，卷宗只限在部分领导中传阅。

这个引起局部三级地震的香艳事件，给了我们这些刚刚入学傻头傻脑的土老帽儿一个警醒：披荆斩棘过了独木桥来求学不容易，千万把裤腰带看紧了，别随随便便解开。要不然辛辛苦苦念了四年大学，连毕业证都拿不到就滚回老家了。

另一个震惊事件也跟大四的学哥有关。那位哥哥才学出众、满腹经纶，写得一手好文章，据说经常在各类学刊和杂志上发表。那年月没几本像样的文学杂志，能让它们印成铅字绝对比登天还难。

在迎新会上，学哥作为优秀代表来跟我们分享人生。在宏篇演说之前，他先朗诵了一首特地为我们写的诗——《喜欢飞翔的样子》。

喜欢飞翔的样子
尽管我的羽毛还不漂亮
但蓝天举出白云做旗帜
为我鼓动风一样的骄傲

喜欢飞翔的样子
尽管我的翅膀还不坚强
但梦想催生的力量
让我奔向最想去的远方

…… ……

之所以现在还隐约记得这些句子，是因为当时学哥的气场把我们全震了，他深情的声音一出来，浑身“学霸”的味道让人无法抗拒。尽管他帅得一般，但配合着诗歌立马帅得一塌糊涂，尤其是部分女生竟到了不可自持的地步，内心的小兔子恨不得马上扑到他怀里。

打那以后，她们得了传染病，张口说话都离不开那个优雅的句子：“喜欢飞翔的样子，尽管肚子还不饿，但该去食堂了吧？”“喜欢飞翔的样子，尽管困死了，但马上考试了不敢睡啊！”……

学哥绝没想到，他信手拈来的几行字竟深刻影响了一批人，估计那些酸不溜丢的话在他离开迎新会的教室就忘了，因为他要落笔的文字太多了。据说他给自己定了严苛的规定，每天至少要写五千字，不论文体不论风格。他坚信，不经过这样高强度的积累和训练，是成不了一个大作家的。

铁棒子是能磨成针，但过程实在太可怕了：清晨，你还在梦里飞翔，学哥在楼道尽头迎着阳光写；午饭后，你甜蜜地拥抱枕头，学哥在窗边就着小风儿写；下午课后的活动时间，你酣畅地打篮球，学哥在操场边的小树林里写；下了晚自习，你偷偷拉了姑娘的手指头，学哥卧在湿热的床上写……

学哥始终和笔一起完成了他的整体形象。

针终于磨出来了，而且针针见血。《当代》《十月》《人民文学》等让我们这些“草根”膜拜的大刊物，都不吝版面地发表了学哥的作品。说实话，教写作的教授都没这两把“刷子”。

毕业分配的时候，省文化主管部门抢先把他录用了，让一大群混吃混喝的主儿“羡慕嫉妒恨”。

拿了毕业证和派遣证的学哥，在离校的头一晚应老乡之约去庆贺。期间，酒喝大了，因为高兴，这是学哥很少能放下笔去娱乐的时候。接下来的事实说明，有些规矩真的不能破坏，稍有放纵就会带来不堪设想的后果。

啤酒的破坏力大抵没人能躲得过，除了影响神智外，膀胱被摧残首当其冲。喝成一滩烂泥的学哥被老乡们抬到了上铺，夜半三更时压强逐渐增大的膀胱让他做出了无意识的举动：他迷迷糊糊地起身，拿起家伙就尿，达到了忘我的境地。月光下，飞瀑成河，被惊醒的兄弟们大声训诫：拜托，要尿就推门出去！

舍友严厉的语气很正常，谁能接受这么粗鲁的举动和刺激的味道呢？尤其是下铺的兄弟，有一部分床单都被淋湿了，找谁说理去？

学哥没声息地躺下了，醉酒状态让他无力解释和道歉，但“推门出去”几个字却深深印在了脑海。到下一波液体汹涌而来的时候，他重温了这几个字，并老老实实地去做。学哥的位置是靠窗的，没有正常知觉的他估计按照“推门出去”的指引，把离自己最近的那扇窗推开并伸腿迈了出去……

没有声息。

在烦热的七月，学哥以飞翔的姿态为自己的人生画上了句号。

第二天清晨，去买油条的我忽然发现楼下围了很多人，凑过去一看是裸身的学哥，一条腿蜷着，依然是熟睡的样子。

他住三楼，并不高，可坠下来的时候他完全无意识，没有一点自我保护，所以跌得很惨。大家都特别惋惜，本该离校去迎接新生活的这一天，出众的学哥却按照命运的指引拥抱了大地，走进了另一个世界。

之后，在他宿舍的门上，我看见有人用黑笔写的几行字——

喜欢飞翔的样子

第二章

尽管赤条条地去
但七月是你的衣裳
夏花用你的血液
开放在大地

重回 22 岁

如果问我 2014 年的世界杯给我留下最深印象的是什么，我会毫不犹豫地回答：巴西痛失内马尔。

尽管身为球盲的我一场半夜直播都没看过，但从第二天的报道里能对每场“世界大战”有个粗略了解。我很喜欢张斌在《豪门盛宴》里的一段主持词，他说：内马尔受伤，大家都很关心。前方传来最新消息，内马尔椎骨骨折，不过医生说庆幸没伤到神经。此时，智慧的张斌话锋一转：医生的这句话说错了，核心队员的倒地，伤到了所有巴西球迷的神经。

接着，为表达对 22 岁的内马尔的痛惜，编导们做了个专题片回顾了绿茵场上众多“男神”22 岁时叱咤风云的模样，从化石样本贝利到当前最炙手可热的罗德里格斯。不看不知道，一看才明了，敢情“男神”个个都不是白给的，在金子般的年龄已经斩获了各种金杯无数。

为内马尔扼腕叹息了一会儿，思绪不由回到了自己 22 岁时的日子。掐指一算，刚破二字头的我还在读大四，是人生中最虚度光阴的一年。

第二章

在我们学校有句顺口溜：好女不嫁中文男，好男不娶外文女。因为我们这两个系的男男女女外观上看起来疯疯癫癫不着四六，什么时髦弄什么，言谈举止得甩出理科班的书呆子们好几条街。用现在的话说，浑身上下的范儿绝对是“来自星星的你”。我曾经就豪掷三块钱在校园理发室烫了一颗火热的“费翔头”去食堂打饭，在洋溢着烧茄子味道的注目礼中，窗口里的姐姐立马多给了一勺子醋溜土豆丝。那一年专业课已经没多少了，再加上平时的作业主要就是看各种小说，所以日子过得特别浑浑噩噩。

跟内马尔比，绝对是反面教材。

当然了，在那一年，我们这些纯“草根”们还是让自己的22岁尽量多了些颜色。

先说唱歌吧。中文系的男生好像天生是歌星的坯子，他们宁愿吃糠咽菜也要省下巨额饭票去买一把漂亮的吉他。那时一份烧豆腐才一毛钱，不知得少吃多少美味才能换来那个“男神”道具！不过，勒紧过裤腰带的人都说，值了！因为抱着它才能在空旷的楼道里让歌声听起来更有质感；抱着它才能在碰完啤酒瓶子之后让外面的世界更精彩；抱着它才能在宿舍楼下的小树林里把月亮唱得更孤寂……总之，抱着它才能抱着姑娘诉说“爱你在心口难开”。

这道具特别管用。女生们都说，和吉他相伴的男孩儿显得特别单纯而忧郁，阳光而寂寥。这话听着怎么那么矛盾，但甭管怎么说，洋溢着贵族气质的六弦琴成了黑暗潮湿的宿舍楼里的最高配置。我们隔壁一练跨栏出身的小伙儿，对书本从不待见，但玩起吉他来绝对一门儿灵。尤其是在晚自习后的水房，拿着破脸盆去冲凉的人们准能免费欣赏他的自弹自唱，再泼一盆水下去仿佛混响效果更理想，小伙儿被溅一身泥点子都不带急的，依然冲着各种光脊梁款款演唱，引得众兄弟疯狂“点赞”。最辉煌的时刻是在全校联谊会上，一米九的他出现在舞台上时帅得不像样儿了，拨动琴弦唱出《溜溜的她》后全场齐喊“小费翔”，绝对不用托儿领掌。唱完后还频繁返场，拎着吉他的大长腿晃瞎了很多女生的眼睛。

具有轰动效应的演唱后，经常会有几个叽叽喳喳的人儿等在宿舍楼门口。那个时候没手机，照张相成本也很高，所以她们只是痴痴地看，看那个晃晃悠悠的大个子“男神”从面前骄傲地走过。

“小费翔”的出现让我这颗“费翔头”很受伤，我决定另辟蹊径。走出校园，吉他好像就没那么吃香了，市面上流行卡拉 OK。我所在的那个城市有一阵子电影院实施新举措，在放映影片前先举办一场卡拉 OK 比赛，名随便报，跟现在电视里的海选似的，每场还有专业评委。这让我蠢蠢欲动。

第一次登台唱的是《梅兰梅兰我爱你》，伴奏是人家给准备的，一次都没合过。但哥们儿特别牛，凭着良好的乐感愣给唱全了，还没出什么纰漏。正儿八经鞠躬谢幕的时候，不能说是掌声雷动吧，也得用雷鸣般掌声来形容。评委们很有眼光，给了我一个二等奖，颁发了一套市值 20 多块钱的茶具。忘了那天到底看的是什么电影，反正抱着那套朴实粗糙的小茶杯一直眩晕，体味着 22 岁的小小成功。

把“价值连城”的奖品端回宿舍的时候，哥儿几个很给面儿，立马盛满白开水举杯欢庆。除了小六儿说那杯子有点拉嘴之外，兄弟们还是一致称赞的，并鼓励持之以恒。从那以后，我又陆续给宿舍赢回来暖瓶、饭盒等生活必备品，不过好像那些玩意儿都远没有电影票贵，没过多久年轻的“歌唱家”也就意兴阑珊了。

回到正事儿吧。中文系的男生当然不只会唱歌，那都是花拳绣腿，真功夫是爬格子写作。睡在上铺的老四，打一入学就开始了他的长篇小说创作，主人公原型是他自己，另一个是他初恋的高中同学，而开篇是这样的：那是北方一个倒春寒的夜晚……老四高兴的时候都要给我们绘声绘色地朗读，这个开头大伙儿听了不下二十遍。每页 300 字的正规稿纸到大四的时候他写了有两寸高，就摞在枕边伴了他无数个春梦。直到毕业的时候这部“鸿篇巨著”都还没到尾声，彼时远方却传来消息，书中的女主人公没跟老四打招呼就已经把长发盘起、做了嫁衣，老四在卷铺盖卷儿的时候不禁又回味了那句经典注解：那是北方一个倒春寒的夜晚……

相比之下，我写小说和散文的热情明显不够，却酷爱写诗歌。上高中的时候就痴迷于古诗创作，五言的、七言的都爱，连上化学课的时候脑袋里都在琢磨韵脚、调动词汇。书包里除了抄歌词的小本子之外，还有一个专门藏着我的各类绝句，没事就拿出来把玩，算得上是我最早的文学作品了。

到了大学流行朦胧诗，顾城、北岛、舒婷都是“神”级别的，绝对崇拜。尽管那个时候没法给他们发电子邮件，没法关注微博私信他们一下，但我还是经常与他们每一行不多的文字神交，并照葫芦画瓢写下自己的伤心落寞。古人有句话说得特别到位——“为赋新词强说愁”，估计就是讽刺我这样的。上自习的时候，我喜欢选择一个后排靠窗的座位，仰头看着夕阳发呆，然后把自己扮演成一个可怜虫，再挤出几行委屈的句子。再或者，喜欢在池塘边的小树林里任斑驳的日影划过脸庞，在树皮上留下几个凄美的词语。尽管每天过得跟傻子一样快乐，但拿起笔瞬间就悲伤了，瞬间就纠结了，弄得人格特别分裂。

几年下来，朦胧诗也攒了一大本，这为日后写歌词汲取了牛初乳般的营养。

那时有本杂志叫《星星诗刊》，听名字就那么合拍。于是，每当有了新作品，便工工整整地抄在稿纸上，用八分钱邮票送过去等待审阅。每次那个薄薄的半月刊发行了，我都罔顾自身财力毫不手软地买下一本，一秒都不带耽误地翻开目录像找丢失的钱包一样找自己的名字，可每次都是一首朦胧诗的情绪。我暗自寻思，是不是编辑总接到我的来信看名字都看烦了？于是，我换了笔名“梦龙”接着寄。有“朦胧”的谐音又有图腾的气势，但依然无果。后来又把名字中的“孙”拆解为“小子”，把“滨”幻化为“水边”，排列组合成“水边小子”，还是没有音信。直到多年以后，这莫名其妙的四个字才出现在了电视屏幕上，当作词作者停留了 6 秒钟。

不知道现在这本细长条的杂志还在不在了，真想和老编辑们会会面，问问他们是否还记得那些充满期待的笔迹。

大四实习的时候，和我们山城日报社副刊版的编辑逐渐混熟了，便颇有心计地拿出了那个本子。他扶了扶老花镜竟有滋有味地看了下去，并且很权威地通知我：周末 8：20 发！

当散发着油墨味道的四开小报展开在我手里的时候，我能体会到那一刻的心情真比女排夺冠还有成就感。尽管那首名叫《故乡的河》的诗歌拢共没二十行，但让 22 岁的我收获了期待已久的喜悦和幸福。

第二章

速冻爱情

校园里的爱大抵是脆弱的，没经历过什么大的风雨，所以也见不了什么修成正果的彩虹。

尤其是不同年级的恋爱，往往先毕业的大哥哥都会挑选一个秋虫轻唱的月夜，拿出酝酿了一个世纪的勇气，说出“咱们分手吧”这个永恒的主题。当把学妹揽入怀里时，心已不狂跳了，手也变得规矩起来，竖起的耳朵只为听见那个等待已久的回答。

学妹往往流了泪，但没有痛哭，心里好像早有预料，应约而来只是为了在月光下得到一个印证。个别的会提问：“说好的责任呢？”——改变不了结局，但给你一个心结，让你几年之内都打不开。

学兄就怕听“责任”这两个字，沉重且冰凉。他很多曾经的不检点都立刻变得猥琐起来，以至于此后的很长一段时间他都在责骂自己，“负心汉”还算个好听的词，往狠里说那就是“人渣”。

不分开当然好，但摆在面前的现实是没有温度的，天各一方后何时才能再相会？在剩下的几年里谁能担保各自心无旁骛？所以，分手似乎是必须、必然、必定的。

有那么多的“必”，还说啥呀？

我的一个同学和小女友热乎了两年，所有卿卿我我的词都说完了也就散了。女友还唱“爱情它是个难题，让人目眩神迷……”，他说“迷什么呀，放冰箱里就清醒了”。于是，他把持续高烧了七百多天的爱一下子放进了速冻室，即刻降温，而且保证跟冻好的汤圆一样——谁也不再黏谁。

据说拿了毕业派遣证连顿散伙饭都没吃，他就直奔省府大楼了。

“男人，就得对自己狠一点”，他说。

实际上，他曾经的那个心肝宝贝更狠——在度过了一个心焦的暑假后，开学没几天就爱上了另外一个男生，比他帅，比他年轻。在最后一封信里，宝贝儿还把跟新情人的照片一并给他邮了过去，并诚恳地征求意见：斯人吻我的额头，吻我的脖颈，你说让他吻我的双唇吗？

…… ……

都是狠角色！

同学把信撕得粉碎，把照片里的那个女人在脑海里删除，彻底格式化了。

当然，如果你觉得这一次的速冻爱情气壮山河那就错了，接下来的这次绝对称得上是惊天地泣鬼神。

下一个恋爱对象是同单位的一位气质“女神”，长得不大可人但气质绝佳，经常蹙着眉头学林黛玉，发起脾气来又像王熙凤。管他呢，反正都是十二金钗。

两人黏糊的速度十分惊人，因为都是年轻的火辣辣的身体，还没来得及见家长就把证给扯上了。同志们纷纷猜测，大概龙种已经发芽了。

有了小红本儿，单位就得分房，分了房就得去买家具。

这种采买，一般来说是洋溢着幸福的，因为是给自己的窝儿添砖加瓦。同学领着“王熙凤”一通儿转，几大家具店都侦查过了。前半段还挺顺，沙发、床、餐桌都审美一致，但到了大衣柜出现了意见分歧。他想买原木的，她想买奶白的；他想买对开门的，她想买推拉的。

几番理论，谁都没说服谁。“凤姐”又习惯性地皱起了眉头，他也拉下了脸子，二人从专业术语上升到了相互贬低，从随意谩骂到“问候对方母亲”，把家具店弄得鸡飞狗跳。高潮处，“凤姐”拿起一装饰花瓶摔得粉碎，他也不甘落后，顺手掀翻了桌子，一套挺好看的茶具就那么牺牲了。现场两男两女都拉不住他们，最后还惊动了店长和拿电棍的保安。

新中国成立以来，人家店里还是第一次发生这么惨烈的事情。

离！这是他们同时说出的一个字，干脆洒脱一点不拖泥带水。

还没焐热的小红本儿，又让同学哥速冻了。办证的人都纳闷，怎么急火火的刚拿上就急火火的不要了？

此事件在我们班级的聚会上一致被颂为传奇，因为一个大衣柜都能把婚离了，美好的爱情只值家具那点钱了吧？

方便面他爸没了

有“方便面之父”称号的日本人安藤百福在2007年年初去世，网上只在很偏僻的角落登了消息。这个活了97岁的老爷爷谁对他都不熟悉，但他“儿子”方便面却家喻户晓、无人不知。

尽管很多人提起“日本”这两个字牙根就痒痒，但坦率地讲，日本人民对全人类有两大贡献是不可磨灭的：一个是方便面，另一个是卡拉OK，分别喂饱我们的肚子和精神。

先说曲里拐弯的那坨食物吧，这玩意对于各种懒汉来说是灵丹妙药，不费多少事就能填饱肚子。尽管很多人提起“方便面”这三个字来有时候会反胃，但你不能忽视它关键时候的救命作用。君不见有些人正眼瞧不上这东西，但出国的时候还贱乎乎地扛它一箱子，不远万里，锲而不舍！

我身边吃方便面的能手可以算大学时候的同学了，他吃得那叫一往情深，每天晚饭必定是那一块毫无生气的面。那时品种还没现在这么丰富——又是碗啊又是杯的，小商店里卖的塑料袋包装的费用太高，但我们学校食堂有自己产的，不用油炸，黑不溜秋的贼硬，要想拿水泡开，甭想！只能放锅里煮，但便宜啊，5分钱一块！

这位仁兄便抓住机遇，买了一大摞放在宿舍的窗台上。为解决煮面难题，他专门置备了“热得快”——一头是铁一头是电线的家伙，插上电立马就热。每天开饭时，他都把面饼和那个铁疙瘩同时扔饭盆里，几分钟后就开始冒泡了，再过十几分钟就能放嘴里了。等大家都从食堂打回饭菜，他跟每个人淘点菜汤拌着面下肚，经济实惠，顺理成章，幸福的小汗流着——他5分钱就把自己打发了。

这种低调的“草根”晚餐他愣是吃了大学四年！容易吗？没吃到一半路程的时候，那个“热得快”就耗不住了，一插电火花乱溅，跟做物理实验似的。随着一声奇特的闷响，全楼都没电了。

这哥们儿很镇静，从水里拿出那坨铁用胶布粘好，等电工把电闸合好了重新插。怎么能让这点小插曲影响方便面事业呢？

久而久之，我们楼里的人们对间歇性停电不那么大惊小怪了，大家都知道有个哥们儿正跟方便面较劲呢，跟恐怖主义没关系。

毕业之后再没见过这么热爱方便面的人物。当然，另一个热点扑面而来了。

记不得打哪年开始的，到了晚上大家一卡拉都OK，会唱不会唱的都往歌厅挤，甭管白天是干什么的，晚上凑一块儿都是话筒的情。而且那会儿的歌厅没什么包间，都围着圆桌坐一块儿，像早年间的春晚似的。点歌还得写条儿，挨桌轮着转，想唱一首歌不容易。而且要唱还真得有点心理素质，当那么多陌生人的面引吭高歌没那么简单，起哄架秧子的哪桌都有，你一张嘴就赶上喝倒彩，面皮薄点的还真不成。哪像现在呀，包房里都是自己人，谁都混不论。

当初“OK厅”红火的时候，我一同学放下政府机关的工作不要，舍身承包了一歌厅。尽管每天的作息黑白颠倒，但这哥们小脸儿异常红润，神情高贵，像铁路上管批条子的大爷似的俨然掌握了稀缺物资，弄得心情不错。

在另一条街的另一个厅，我一小哥们儿更牛地当上了坐台主唱。前面管热场，中间也能很辉煌地出来一回，刘德华、张学友、周华健谁火唱谁的，特别有明星范儿，有些姑娘为了他还专门扎堆捧场，捧不起鲜花但能捧得起扑通扑通跳动的心。据说选主唱也特别困难，跟现在选秀似的一碗饭八百个人抢，不认识人还真的不行。选上的当然也就跟陈楚生一样金贵了，这哥们儿从此过上了白天在工厂供销科睡觉，晚上在舞台流光溢彩的拿双薪的幸福生活。

罕见了！

去这些厅里“OK”的都属于贵族。有一年夏天，“OK 机”们特别人性地被摆在了街边，大家伙儿趿拉着拖鞋咬着冰棍就能参与到一场文化盛宴之中。花一块钱就能唱首歌，混响弄得跟在澡堂子里似的，每个张嘴的人都被这高科技效果整得特别满足。于是，晚上吃饱喝足了出来遛弯，几十米远就是一堆儿人，听着、唱着那叫一个和谐！

中国人善于改革、善于应变，人家必须在豪华场所里像丁俊晖那样扎着领结打的台球，愣让咱们放大街上了——毛爷爷“为人民服务”的理念特别根深蒂固。你想想，那么沉的大桌子都抬街上了，微不足道的“OK 机”拿出来不跟玩似的。也不知是谁出的这鬼主意，绝对“三贴近”，弄得我那承包歌厅的哥们儿和在厅里唱歌的哥们儿没多久都歇了。你想想，有了街边乐园，谁还大老远的花大价钱去歌厅啊，半天还轮不着唱一回！这多好，听着、唱着都那么随意那么舒坦，跟吃个西瓜那么便宜。

而且这玩意的威力绝对胜过“禽流感”。我记得早年间到湖北一贫困县采访，那地方穷得刻骨铭心，但县委招待所里照样歌舞升平。餐厅里都插着“OK 机”，人们大快朵颐并声嘶力竭，这边刚刚“爱到尽头覆水难收”，那边就“给我一杯忘情水，换我一生不伤悲”，大中午的都那么豪情万丈。有一对男女声从隔壁飘来，那是绝配啊，谁都不在调上，分不清谁带跑了谁，“我的‘湿’念‘死’不可‘粗摸’的网，我的‘湿’念不再‘死’‘缺底’的海……”，跟外国人念经似的。就算县城马上要被三峡水淹了，也不能这么糟蹋人家毛宁和杨钰莹啊！

这让我开始痛恨日本人的发明了。

顺便补充说明几句，我的两位同事都和日本有点关系。一位是现在在凤凰卫视当大官的黄海波，一位是原来和我在《东方时空》并肩战斗的孙宝印。

黄海波专业是英语，但曾在日本浪迹多年，因此一张嘴说三国话，被我吹捧为跨世纪人才。该人才有一习惯，每天早上牙还没刷就先朗读日语，铿锵有力。跟他出差住一屋得忍受此恶习，赖在被窝里人家不干别的，从包里掏出日文报纸念将起来，喋喋不休。我也搭不上话，就欺负我听不懂。不过，就凭这勤奋劲儿，我断定该人才日后一定能“力拔山兮成大腕儿”。果不其然，在“凤凰”有如此语言功夫想拦都拦不住，长“腕儿”的速度赶上了郭德纲。有一次我看他们老板访问日本就有他陪伴左右，感觉跟诸葛亮似的。

和黄海波的野路子不同，人家孙宝印名正言顺就是学日语的，经过名牌大学的锻造，应付十个八个日本人没问题。央视成立驻日记者站的时候，小孙理所当然是不二人选，那嘴皮子、那肉坯子没得挑。每次一有新闻事件，咱普通百姓就能从电视上看见宝印在东瀛的伟岸身影，可儒雅了。

几年之后，宝印回来了，大家一起吃饭。突然发现，经过一千多天的磨炼，他举手投足、说话办事整个一地地道道的日本人，令人叹为观止！可千万别让我那成天混在抗日论坛里的同事看见他，否则得闹出人命来！

第三章 快乐就是一座恒久的金字塔

我 / 和你 / 都在用 / 一生时间 / 建造金字塔 / 也许每块石头 / 都写满了不快乐 / 但我敢说顶端那块 / 绝对闪耀快乐的伟大

第三章

谁是王致和

很早的时候，有人就形容大学是个象牙塔，特别脱离现实生活。你一旦离开那里跻身社会，有一百多个不适应。

我刚毕业的时候特别土，骑着我爹骑了一辈子的大笨自行车，提着我妈提了一辈子的双耳朵布兜，每天出入于小城最时尚、最水灵的单位——广播电视局。

那个时候除了中央电视台，剩下就是我们的了，连省台都收不着，因此能在屏幕上露脸的人就成了“大熊猫”，倍儿珍贵。在他们自己看来，女的仿佛都是邢质斌，男的仿佛都是张宏民，什么时髦穿什么，走哪儿都平趟。相比之下，我就是个傻高傻高的土老帽儿。

老妈挺敏感的，怕我穿着大学里的衣服丢人，便极力劝我去买件新衣裳。我拿着她给的几十块钱，在我们小城最大的商场左挑右选相中了一件夹克。

现在无法形容那件衣服什么模样，总之穿上之后估计顿时老了十岁，可没人告诉我。只有五十多岁的热心主任夸我眼光好，置办的行头成熟稳重。而且令我惊诧的是，第二天他没费什么周折找到了那个柜台，然后穿了小一号的同款迈进了办公室。

我惊呆了！“五张”多的领导能和我一样的审美，你说我得有多土！赶上开大会，我们哥儿俩还前后脚一同出入，那感觉别提有多怪了。来来往往的人总问我：“跟领导去哪儿采访了？谁给的衣服？”

冤死了，白费了老妈的大把银子。没几天，受不了各种暧昧的眼光和追问，我把那件夹克衫坚决打入了冷宫，从此没再让它见过天日。

比我小一届的哥们儿来实习，傻得更上层楼。办公室的大姐们没事闲聊吃喝，都说王致和的酱豆腐好吃，就在马路对面的小卖部。学弟没敢搭茬儿，暗自记在心里。

中午吃饭的时候，为切实改善一下口味，他想起了姐姐们推崇的“王致和”，于是箭步来到小卖部。推门进去后，仗着兜里有几块钱，便很神气地大喝一声：“你们这谁是王致和啊？”——那口气像来砸场子的。

小伙计哪见过这阵势，翻了半天眼珠才答：“我们这没姓王的……你找错了吧？”

“哪能错呢？”他见小伙计吞吞吐吐的更来劲了，假如他腰里有把枪，肯定像港片里的黑老大一样“啪”地拍在柜台上。“有钱不愿挣是吧？都说他在这卖酱豆腐，以为我不知道吗？”

旁边的伙计大概听明白了，从柜门里拿出一瓶腐乳：“你是要这个吧？王致和好像早死了。”

学弟看见了瓶子上醒目的“王致和”三个字，旁边还有一个甩着大辫子的清朝帅哥的头像。

“哦，估计是死了……不过他的酱豆腐还活着。”学弟的气概立马从黑帮大哥跌落到了酸腐书生。

俩伙计的心情顿时很好。

学弟手里攥着"王致和"，都不知道是怎么走出小卖部的。回来也没请我吃一口，只是呆呆地望着那个红瓶子劝诫我："外面的世界很精彩，咱千万别乱问话！"

我咽了一下口水，铭记在心。

没几天，我去报道一个全市的大会。大会晚宴金碧辉煌，咱穷人家的孩子从没见过那种"高大上"的环境，落座后都不知先往哪儿看。

我在的那桌都是"宣传口"的，那时不兴说媒体。电台、电视台、日报、地区报的各种资深记者聚集在一起，从聊天的状态上看都是吃过、见过的，他们推杯换盏互致问候特别义薄云天。

学弟的话犹言在耳，我闷着头只咀嚼不发声。但当镇桌之宝油焖大虾上来的时候我有点犯难了：怎么把它吃到嘴里呢？这可是贫农娃第一次面对那个浑身通红、自然弯曲的生物。

很长时间，我望着那个骄傲的家伙无从下手。但为了不乱说话以避免招来耻笑，只能在心里默默歌颂着它的美好。

这道金贵的菜肴是分装在盘子里每人一份。我暗暗观察了一下桌上的情况，只有我的虾还是全须全尾，其他人的都只剩下了透明的外衣。旁边的大姐似乎明白了什么，大声指导我："先把头弄下来，再拨开身子。是头回吃吧？"我没吭声，心里恨不得扑上去掐住她的肥脖子。

我遵照她说的顺序，瞄准了虾头狠命插了筷子进去，谁知油焖过的那个大家伙表皮无比光滑，我一用力它便飞出了盘子，直奔我的胸膛而来……

在众人的一声叹息中，那只笑弯腰的虾米落到了我的脚面上，在它途经的地方都沾满了红色的汁液。我那用心洗过的衬衣、裤子、白球鞋无一幸免惨遭伤害，那可疑的颜色让我看着像刚刚参加了一场斗殴，"狼狈不堪”这四个字完全写照了我当时的样子和窘态。

就在我想逃出这场“阴谋”的时候，市长带着一众人马来敬酒。我挂着“彩”站了起来，歪歪扭扭像个伤员，特别怕领导就此再深究下去。还别说，市长就是见多识广，根本没正眼看我。“为报道这次大会，大家辛苦了！我敬记者们一个！”说着，他伸手和大家碰杯。

怎么那么寸，一大圈人马他偏偏从我这开始，可能我坐的是上菜的地儿，谁来都得先打扰我。

关于怎么和领导喝酒，上班后还没人来得及告诉我。按照固有的规矩，碰杯时咱老百姓的酒杯一定得比长官的低，表示无言的尊重。咱连虾都不会吃，哪懂这么高端的道理呀！我径直地伸过胳膊，唯恐碰不响还运了一股子力气，“啪”的一声俩酒杯撞上了，并且明显比对方的那只高半头。那个红光满面的领导没一点心理准备，显然被这个一米八几的初生傻牛犊给吓着了，愣了足足有3秒钟。

他干咳了一声，继续向旁边的人示好。我看到了被训练出来的规矩：每个人都俯首含笑，手里的杯子在接触对方时，都齐刷刷低了半截，发出的声音是清脆而有分寸的，配合着嘴里的寒暄特别恰如其分。

望着市长的背影，我满怀沮丧，心想自己还不如那个去找王致和的学弟呢。

第三章

隔墙有耳

我们那个被称之为电视台的地方，在90年代初呈现的是一片破败景象。我第一次走进那个大院的时候，一直怀疑是不是误入了某乡村大队部。

几排破败的平房便是这个听起来很“高大上”的单位，每间办公室都很简陋，墙面斑驳陆离，地面由看不出颜色的砖头铺成，坑坑洼洼还不如大队部呢。屋子里没什么值得称道的物件，唯一的标配是烧煤的炉子，冬天取暖用。

我和两位同事一间房，一个是女的，一个是主任。在此种人员构成下，生炉子就大部分成了我的事。上了四年大学，原本要大展宏图的，没成想每天先得跟炉子打交道。

因为要保证在那两位前辈上班前炉火正旺，所以我被迫一大早就得爬起来。冬天的被窝多可爱啊，但没办法，谁让咱是底层呢？塞外山城的冬天是最有代表性的，白毛风裹挟着沙粒随处肆虐。我上班是从南往北走，疯狂的西北风正好迎面而来，而且那段路还是上坡，这让一个蹬着自行车的小伙儿寸步难行。有时风头一来，再赶上坡度大的地方，双腿怎么用力都踩不动镫子，瞬间会以一种非常难看的姿态静止在马路上。

费尽各种难言的辛苦来到办公室后，棉帽子里已经冒起了烟儿，身上的内衣全部湿透。这个大队部般的电视台没有暖气，所以推开屋犹如进入冰窖。很多次我都是这样浑身湿透后又进入一个阴冷的空间，不出一袋烟的工夫便涕泪横流、高烧不止。

吸取过很多教训后，我学会了先用毛巾擦干热汗，然后戴起套袖开始伺候那个倒霉炉子。90 后的大概都不知道套袖为何物，也难怪，90 年出生的那会儿才一岁。

生炉子是有一定技巧的，点多大的报纸，燃几块劈柴，什么时候加煤块，一系列程序特别严格，稍有差池炉火就不旺——蔫了吧唧，半死不活。亏着小时候有童子功，没白帮爸妈做饭，所以干这活还没难倒我。为了讨领导欢心，让他进屋时感到温暖如春，我想到了上小学时用的土方儿。那就是用油绵丝来引燃劈柴，快、准、狠，成功率能达到百分之百，而且旺得噼啪作响。

老爸无条件支持我的事业，从车间里搜罗回一大袋子油绵丝。

所谓油绵丝，就是工人们擦完各种机器后的线团儿，上面粘满了厚实的机油，遇火后能激烈燃烧。

那一天，我撕了一大块这种神奇的火引子塞进炉膛点燃了火柴。偏方治大病啊，这玩意儿果然管用。由于多年没再操作它，量使得有点大，火柴刚一接触，火苗子就往上窜了一米多高，吓得我“嗷”的一嗓子跌坐在地。

不过效果确实太好了，加上干柴和煤块后小铁炉轰轰作响。

领导踏进暖融融的办公室后，竟豪迈地把手里的半个油饼塞给了我作为奖励。女同事进来也给予了高度评价，不过当她由衷赞叹的时候突然笑弯了腰，接着把我当怪物似的引到领导面前观看，那个面皮白皙的老男人竟也笑出了满脸皱纹。

顿时，我像个傻子在一波接一波的声浪中不知所措。

姑娘从包里拿出小镜子，我一看悲从中来啊，哥们儿前额上的头发和两片眉毛都被火燎成了焦黄色。你见过邓超在《狄仁杰》里可怕的白毛造型吧，当时的我跟他有一拼。

这破炉子能让我记住电视台一辈子。

除了这个标配，办公室没一样先进玩意儿，复印机、传真机压根没见过，电脑听都没听说过，那时写稿子都是老老实实用钢笔一个字一个字抄在小格子里的。

当然了，在这种条件下卫生纸是不可能有的，都得自备，很多糙老爷们情急之下都是抓几张废稿纸解决问题的。

聊到这儿，不得不提一下院子里唯一的厕所。之所以用这个原始的词汇，因为实在无法用“洗手间”来代替，里面根本无水可用，洗哪门子手？现在你到老街区的胡同口兴许还能找到这种旱厕，男女平均的几个蹲坑被一人多高的墙隔开，墙上面的空间是相通的，两边淳朴自然的操作彼此都听得清楚。

好在都是人，没什么新鲜的。

怕就怕遇见不该遇见的人。比如那一天，我旁边蹲着的是位了不起的大领导。

在这种场合不期而遇，打过招呼后不聊不好，而聊又说什么呢？

我感觉有一种尴尬在我和老同志之间迅速蔓延开来，彼此的呼吸声好像都能听见。我想马上离开，可会不会让领导觉得咱瞧不上他？刚进来还没暖场就离他而去，确实有点不太尊重的嫌疑。

再说，“存货”还没清仓呢。忍着吧！

就在我无声纠结的时候，忽然有人打破了沉默，隔壁有两位女同事光临了，听口音是会计。

估计她们觉得这个地方很私密，所以没一会儿工夫就开始了她们热衷的张家长李家短。令人震惊的是，此次矛头直指蹲在我身旁的这位领导！江湖高手难道不明白隔墙有耳吗？

汗！

只听一姐姐说：“那个老流氓，我好容易去广州出趟差，他让我给他买壮阳药！”

“啊？他还吃这种药呢？”

“是啊，太恶心了。我一女的满大街找壮阳药，你说这是什么事儿呀！”

“他老婆知道吗？”

“肯定不知道。他能为他老婆吃药？”

“也是，哎，那你说那个女的是谁？”

……　……

我实在没法再蹲下去了，顾不上跟领导道别，赶忙提了裤子溜之大吉。

路上，我设想了N种结局。

第三章

赶明儿我也当“摄爷”

如果把柴静放在上世纪 90 年代初我们那个山城的电视台一定不会吃香，因为那会儿大家崇拜的电视台记者都是扛摄像机的，你肩上要没那个呆头呆脑的大家伙就算不上记者。

我刚分配到那里的时候，尽管学历不低，但在单位里似乎没人看这个，除了播音员最牛之外，摄像师就得排老二了。他们扛着机器无论到哪儿绝对是呼风唤雨，谁不高接远迎兴许就没好果子吃。

如果哪个单位想上电视了，那得提前跟“摄爷”们约，到点儿还得派车来接。如果您开来的是绿皮吉普 212，那等着大爷甩脸子吧。

我一学中文的，初来乍到当然还摸不清头脑，只能给各位打打下手。出去拍摄的时候，我最主要的任务是打灯，“摄爷”走哪儿我得屁股后面跟到哪儿，现在我脑袋这么亮估计跟这营生不无关系。

别看那手持的两联新闻灯个头小，但举好了可不容易。首先，它屁股后面拖了长长的线，走哪儿都得理顺了，三拐两拐弄不好就把自己缠上了。如果因为线的事儿稍微跟不上“摄爷”，轻则一个白眼，重则一顿“爆卷”。“连个灯都打不好，还想干啥？”这是他们的常用语，苛责中加着轻蔑。

打灯还须脸皮厚，像我这么内敛的一开始还真有点抹不开。尤其是在大大小小的会议室台上台下折腾，满场就看一小催巴儿在忙乎，手里那把灯好几千瓦，开一会儿就烫得不行，再加上满场飞奔，即使是大冬天都四脖子流汗。开会的人大都无聊，所以他们一旦在严肃的会场上发现了活物，便立刻投来好奇的目光。看我累得跟个王八蛋似的，估计很多人心里嘀咕：好好一孩子怎么出来干这个，可怜啊！

开会的新闻，鼓掌的镜头别提有多重要了，因此我得辅助“摄爷”摄好拍巴掌的画面，别以为这个简单，里面的学问可大了。由于不知道领导会在哪个地方嗓门高八度，所以我得提前把灯打开，专等领导慷慨激昂时底下的群众掌声雷动。可很多时候灯都开半天了，台上讲话的人还不解风情，高潮迟迟不来，有个别革命群众嫌太刺眼面露不悦，“摄爷”也跟着来劲：“电不是你家的吧？”

可是如果你等领导尖叫起来再开灯，台下已经拍上巴掌了，往往“摄爷”还没摇完一条掌声已经落下了——咱这又不是朝鲜，持续不了多久的，大都装装样子。这种情形下，“摄爷”又咆哮：“睡着了？”

你说多难伺候。

那年月还没《质量万里行》，所以新闻灯的质量都稀里糊涂。好几次，一按下开关就“啪”的一声来个电闪雷鸣，灯管儿炸了。那种毫无防备的惊吓让你耳朵根儿发麻，我在心里默默励志：赶明儿我也当“摄爷”，再不跟这劳什子打交道了。

有一个跟我一样的小跟班儿，估计心里早就不想打这个灯了，有次拍完会议顺手把灯扣地上直接去吃饭了。这是大忌，“摄爷”还没去呢，你怎么倒先享受起来？刚把汤碗端起来，就听“摄爷”三里地外的怒吼：“就懂得吃，你个小兔崽子！快过来，着火了！”小伙儿一时摸不清头脑怎么就着火了？着火跟我有什么关系？跑到会场才看明白，原来那把刚关掉的新闻灯仍然滚烫无比，而他扣着放地毯上了，没一会儿的工夫那倒霉的羊毛毯就烤糊了，满屋子烧焦的味儿。

那块毯子尽管不是价值连城，但也得要你“盒儿钱”，别说跟班儿了，就是“摄爷”也赔不起。关键是还涉及安全问题，地毯之火可以燎原啊！

后果不堪设想。这个不大不小的事件发生后，台里决定该同志不得再到一线采访，从此将其打入“冷宫”到后期制作帮忙。

小哥哥长出了一口气，终于不用去打灯了！

相比之下，我没这好福气，还得继续看着“摄爷”脸色玩着灯。

好在咱从小就受党教育，勇做革命的螺丝钉，干一行爱一行的格言刻骨铭心，并且随时指导行动。那条长长的灯线因为总在地上滚，沾着各种灰尘和垃圾，放到灯箱里顺便又把箱子污染了，时间长了箱子都看不出最初的颜色。面对这种情况，我从家里找来抹布随身携带，收工后先把线仔细擦干净，接着等灯晾凉了再盘好放到整理过的箱子里，一切秩序井然，看着自己心里也舒服。

就因为这一点的不同，“摄爷”们都喜欢带我出去，闲暇时有的还关切地询问：“以后打算干点啥呀？”

“当‘摄爷’啊！”我毫不犹豫地回答，因为没有哪个工种比它更至高无上了。

让我没想到的是，有位爷却跟我说：“你上了那么多年学，得当个好记者。我们都没文化，干这个是没办法。”

当年听了这样的贴心话，大大出乎我的意料，真有点醍醐灌顶的意思。

没错，在那批“摄爷”里很少有人学过专业知识，有的一年前还是工厂的工人。他们拍好后基本都是我来写稿，然后送给后期编辑。

“摄爷”的劝告有道理，比起他们来咱多少还有点文化，不能打一辈子灯，也不能简单地摄一辈子像，得让知识“雄起”！

于是，我又认真读了有关采访的各种书，并留意本行业最高级别的单位中央电视台的新闻制作。我发现人家那里面的有些片子不是简单的音配画，而是通过记者出镜提问让整条新闻既鲜活又有思想。

我暗暗磨了刀，专等上战场了。

还是那位“摄爷”，有一次我给他服务去拍一条反映市容市貌的新闻，在去展览馆广场的路上，我试着跟他提议：这种跟老百姓息息相关的片子，能不能听听他们的说法？他说行。我又战战兢兢地问，那能让我来采访吗？

想不到他一点没犹豫，满口答应了。

就这样，我开始了辉煌的人生第一次。

我在心里默默设计了开场白，拿着话筒面对镜头的时候竟然没打磕巴，特别流畅！采访过往行人的时候也没想象那么难，提问的层次也还不错。在采访过程中，因为稀奇，还引来了小小的围观。

收工后内心涌动着成功的满足，用现在的话说那就是“你的能量超乎你的想象”。

这条不到两分钟的片子，如果放现在司空见惯完全不值一提，但在当时山城的新闻节目里还绝少看到这样的形式，播出后受到台领导的疯狂赞许。打灯的小催巴儿从此一发不可收，向真正的记者迈出了一小步，并且在那个小小的电视台逐渐形成了自己的风格。

后来那位爷偶尔旧话重提：“还想当‘摄爷’吗？”

我说：“爷得当，不摄了。”

第三章

我为亲人熬米汤

对于主持人来说，春晚那是终极目标，登上那个舞台立马就被重新定义了。

鲜花掌声那都是次要的，关键是地位和影响力“咔咔”地上升了。

——要不为啥叫“大咖”呢！

一聊起这个，我就跟兄弟们打赌：“俺当年也主持过春晚，你们信吗？”

顿时都很惊讶，有点肃然起敬的意思。“哪年啊？怎么没注意？是念电报的吗？”

“念电报也叫主持？正儿八经站台的。”

“跟谁搭档？没印象啊。哪天给我们找资料瞧瞧。”

资料？连我都找不着了，那还是四分之三模拟带呢，估计躺在山城电视台的阴暗角落沉睡多年早已经长毛了。

别发出鄙夷的笑声，尽管俺们电视台小，但那会儿也弄春晚，是山城人民业余生活中的一件大事。

导演赫赫有名，曾经演过电影，和方青卓搭戏，当时在我们那个小单位的号召力相当于冯小刚。他导春晚，根本不用竞标，实力绝对拔尖，因为整个文艺部也就俩仨人。

当时导演相中我，主要因为出镜采访时比较自然、有亲和力，跟老百姓是一伙儿的，而且在台里也跨部门主持一个跟电影有关的小文艺栏目，偶尔还客串一下山城新闻。

看出来了吧？那个年代是多需要人才，没学过一天主持专业的竟然满台乱窜一个顶仨，现在传媒大学播音系毕业的找个正规主持岗位都难。

导演又问我："主持过文艺节目吗？"

"那当然了，咱从小就喜欢文艺！"

趁他点起了大烟袋，我跟他痛说"革命家史"。

上小学的时候，我就加入了"红小兵宣传队"，唱歌、跳舞、打快板样样都练。除了在学校演出外，那会儿也兴"下基层"，经常到爸爸所在的厂矿去慰问，液压车间、铸造车间、运输车间……都曾留下我们幼稚的身影，表演的场地就是工人们干活的满是油污的地方。有一次跳《毛主席的话儿记心上》，几男几女不时变换着队形整得挺好。那会儿根本没什么音响，录音机还没生出来呢，现场由老师用手风琴伴奏，我们边唱边跳。

高潮处，要求群情激昂——

毛主席的话儿记心上
哪怕豺狼逞凶狂
咱们摆下了天罗地网
要把那强盗豺狼全部埋葬

这小词儿多霸道、多给力。这个段落是老师经过了精心设计和特别处理的：到最后一遍副歌的时候，其他人围一圈，中间由我领舞负责主要表演——手里要捧着虚化的“红宝书”放在胸口，眼睛放光瞪到最大，然后伸开双臂旋转 360°，表示天罗地网已经 OK 了，再一个箭步向前做战士拼刺刀的动作，其他人攥起拳头像党员宣誓那样定格，结束。

编得多好！

为此我们每天放学后都排练。

那天我按预定计划瞪完眼睛开始转圈，谁想到沾满机油的地特别滑，转到半圈的时候我就像一个没抽准的陀螺一样，骨碌碌倒地上了。太意外了，工人叔叔都发出了惊讶的声音。但任何困难都难不倒革命的“红小兵”，哥们儿一点没笑场，坚毅的神情还在脸上，一骨碌爬起来接茬儿拼刺刀，力度丝毫不减。

叔叔们报以热烈掌声，很多人手上还沾着黑油。

我那标准的白上衣、蓝裤子也一片片的油印子，仿佛我站机器前干了多少活似的。

有个老师傅端了一个大搪瓷缸子给我，里面是热腾腾喷香的茉莉花茶。

打那以后，我的地位在宣传队很好地树立起来，成为能带队伍、能打硬仗的“一哥”。

听到这儿，导演点头：“这跟头摔得挺值！除了唱歌跳舞，主持过吗？”

“那当然，多少个锣鼓喧天、鞭炮齐鸣的阵势咱都见过。”

接着讲故事。

那时候，妈妈和姐姐总问我：“站舞台上，下面那么多人你不害怕吗？”

“不怕。老师说了，就把他们当成山药蛋。”

的确，在“红小兵宣传队”的几年里经历过很多锻炼，一开始也害怕，但演多了就不在乎了。而且，主持人不就是那会儿的报幕员吗？咱干过。到“五一”“六一”“七一”“八一”的时候，市里面会组织很多汇演和慰问活动，我都被学校派出来当报幕员，锻炼得能遇人说人话、遇……特殊人说特殊话。

当然了，那些词儿都是事先老师给写好的，绝对没半点错。

只有一次例外。那是去和解放军叔叔联欢，有个节目是反映军民鱼水情的，叫《我为亲人熬鸡汤》。

前一个节目是俩战士演快板，那板打得上下翻飞、花样无穷，站在侧幕条的我都看呆了，直到他们鞠躬下场我都没醒过闷来。

监管舞台的老师一看要冷场，赶快用手指头戳我后背：“快上啊！想啥呢？”

我回过神来，一个踉跄跑上台口。什么节目来着？脑子里转了一下，哦，熬汤！

赶快报幕：“下一个节目请欣赏《我为亲人熬米汤》！”

台下一阵子小骚动，有人笑出声来。

我心想，没说错什么啊。难道裤子前门开了？

低头看看，好好的，扣得挺紧。

正纳闷的时候，那个老师又来了，这回手指头戳着我脑门子说：“看你就是穷人家出身，人家那是‘熬鸡汤’。破米汤能养伤吗？”

真没想到，报个幕还把祖宗三代的穷苦命给暴露了。

导演听了哈哈大笑，觉得我的确是个“奇葩”。“啥也别说了，主持春晚吧！”

于是，我开始了紧张的筹备工作。

首先，挑选西服。到哪买又便宜又好的呢？当时刚上班两年的小喽啰，工资也就一百多，咱总不能为上春晚把老妈的家底都端了吧？

我忽然想到有个中学同学开了个服装店。

表明来由，女同学特别热心，把整个库存都搬出来了。还别说，有一件灰色的特别合适，腰身跟私人订制的一样。她补充说：“这批货都是日本进口的，一样就一件，绝版！”

我一看，商标确实是日本字，而且内衬上还用白线绣着“高桥次郎”，原装货！

看我心仪的样子，她很善意地收了我 25 元钱，算赔本赚吆喝，也算是帮哥们儿一把吧。“在别的店都卖 40 呢。”她补充说。

我感激涕零地出来，深刻体会到浓浓的同学情谊。

很久以后我看了一本杂志报道才恍然大悟，原来我那件用 25 元钱买来的西装其实都是某些国家撮大堆儿运来的垃圾，说白了就是人家穿烦了扔大街上不要的，难怪里面还绣着名字。不用说，这样的垃圾肯定是一样一件，肯定是绝版。想想我竟然美滋滋地穿在身上那么久，后脊梁直发麻。

老话说得对，便宜没好货。“狗日的”日本进口！

闹心事不说了，想想当天录像该请谁化妆呢？当时台里是没有专业化妆师的，没那个编制，也没额外给劳务费一说，平时录节目都是自己在脸上瞎哗啦。彼时，灵光一闪，我又想到了熟人。

离电视台发射塔不远的地方有一家小理发店，老板我认识，手艺不错。表明来由，老板跟卖衣服的同学一样热心：“包我身上了！连做头发带化妆，全活。”

一顿洗剪吹，一顿描眉画眼，一个崭新的我诞生了。

造过型之后，我骑着二八单车赶往录制地点——一个在我们山城算最时髦的歌厅。之所以选在这，是因为台里压根没那么大的演播室，从没录过什么文艺节目。

一路上，行人纷纷侧目，我没预料到自己的影响力那么大。

进了歌厅，所有跟我照面儿的人都一个表情。导演忍不住了：“谁把你画成大熊猫了？”

说实话，当时老板把我的脸创作完我都没敢仔细看。

此时抬眼望镜子里的我，正常眼皮大部分已经找不着了——全是黑的，下眼线宽得都快盖住眼袋了，再配合着鲜红欲滴的两片嘴唇，难怪路人注目呢，没把人吓倒就算不错了。

我赶快找个水龙头，一股脑把各种颜色都洗了。

顺便提一句，这位老板后来到北京参加了全国化妆大赛，一举夺得了“中国化妆先生”的称号。看来拿我练手练得不错，点个“赞”！

至于那台晚会我都说了什么，录的什么倒霉样儿，现在全忘了，唯一记住的那是我第一次跟“春晚”这俩字沾边，尽管台上演的大部分是山西梆子和扭秧歌、划旱船。如果有哪位好心人能帮我找到这几盘带子，那真得感激不尽。

第三章

假到顶了

什么玩意儿能假到顶了？假发呗——直接把假头发扣脑袋顶上。

一般戴假发的人都忌讳这个事实，你拿什么部位开涮都行，唯独头发你不能说，稍微沾点边他立马就把话题绕过去，生怕你踩进雷区招来难以预料的尴尬。

力哥就这么一主儿。

大概刚过完青春期，力哥的头发就有点躁动了，飘飘然欲离他而去。等到而立之年，他的脑门子看起来比毛主席的都宽，顶部开垦出一个巨大的“停机坪”——肉色的。

偏偏力哥干的还是个天天露脸的活儿——电视播音员，所以这头发之事就不能掉以轻心了。有那么段时间，大大小小的医院跑遍了，吃的抹的各种药用遍了，连老中医的祖传秘方都试过了，智慧的“盐碱地”还是没啥起色。有人告诉他吃核桃管用，于是力哥就坚韧不拔地开吃，直到吃得快把核桃树都累吐血了也无法阻止头发溜走的脚步，以至于到现在他看见谁手里玩核桃都有想吐的冲动。

这条复兴之路让他走到了尽头，为工作所迫他不得不戴上了打内心里无比抗拒的假发。上世纪90年代初，小城市里还没任何能力生产这种“高精尖”玩意儿，力哥生平第一顶假发还是跋涉到省城置备的，据说价钱不菲。

力哥旧貌换新颜的第一天是具有历史意义的。全单位的人得知消息后都像参观大熊猫似的轮番“瞻仰”，那热情才像“一把火燃烧着整个沙漠”呢，同办公室的小李恨不得在门口卖票，就势捞笔“国难财”。

力哥的头面确实有了极大改观，额头不像“毛主席”了，“停机坪”填满了，笑容灿烂了。但熟悉力哥的人怎么看怎么觉得假，那些不知从谁头上长出来的黑发多得不可思议，连三七开的那条缝儿都仿佛是生挤出来的，不仔细看铁定找不着。抬眼一望，力哥像戴了个黑皮帽子，如果身上再披件羊皮袄，你会情不自禁地唱起：“高高的兴安岭一片大森林，森林里住着勇敢的鄂伦春……”

这天晚上，小城的观众见证了力哥的“皮帽子”形象，尽管电视还是那个电视，声音还是那个声音，但细心的人总感觉好像哪儿有点不对，莫非第一男主播换了京城来的“高大上”化妆师？

烦恼丝是补上了，可烦恼并没消失，反而重装上阵、卷土重来。

首先，这帽子质量太好了——密不透风，冬天力哥感觉还挺滋润，可开了春儿就不那么回事儿了。随着太阳一天天长高，力哥浑身的热气无处可冒，全被扣在脑袋上了，感觉像顶了一口“吱吱”冒气的高压锅。有一次出外景，衣服已经脱得不能再脱，可还是汗如雨下，面巾纸比得重感冒时用得还多。力哥在虚脱般的眩晕中，恨不得把那顶该死的“皮帽子”立马扔大街上，让自己可怜的脑袋彻底透透气。

可理智终归战胜了冲动，因为如此那般之后，肯定当天的头条就不是市委书记讲话了。

对于力哥来说，绝望中最大的希望就是赶快回家，因为在家里可以痛痛快快地活着真我，踏踏实实地当“摘帽分子”。相反，他最怕的就是“离家出走”，只要是过夜的公差他都一律拒绝。

当然，有的差是不得不出的，比如市长出访必须得指定“一哥”出镜。有一次领导去省城出席活动，力哥和各路媒体同行一起去“捧臭脚”，晚上他被安排在招待所和一报纸的老编辑同住一屋。

老编辑是不知力哥的惊天秘密的，所以力哥谨小慎微，唯恐露出马脚，连上床解鞋带时都不敢低头，防止假发一不留神掉脚面上。

好容易熬到老编辑睡了，力哥才敢在黑暗中把那“一百多斤重”的帽子摘下来。有那么几次他也试图戴着它睡，可那完全就是一场酷刑，别说睡了，连眼睛合上都困难。

接下来的问题让力哥有点为难，简陋的招待所里没什么能支撑大帽子的家伙事儿，连个敞亮的衣裳架子都没有。力哥用他那有着独特夜视功能的眼睛一通乱扫之后，发现了理想的物件——桌上那只印着大牡丹花的铁皮暖水瓶。于是，他把黑又亮的假发轻松地扣在了“热心肠的家伙”上，近观远看一番之后安心地睡过去了。

他是睡踏实了，可惨了老编辑。力哥忽略了一点，人老了都爱起夜，据说是肾疲软的缘故。就在他梦里吟诗作画的时候，老编辑膀胱神经支配了大脑，迫不及待地拧开了灯。

接下来的情景你可以想象到了。睡眼蒙眬的老编辑起身后，恍惚间看到电视机旁边悬着一颗人头，“嗷”的一嗓子差点背过气去。尿没尿裤子不知道，反正血压瞬间上到了190，魂儿都飞出去大概十来秒钟。这振聋发聩的一刻让老编辑一辈子都忘不了和力哥同房共眠那个晚上了，多年之后再讲起来老人家都头皮发麻、后脊梁冒汗。是呀，一般人哪儿受得了这种刺激！

“天气娱报”

有很多不靠谱的事儿，如果做个网络调查，天气预报估计能榜上有名，得不了第一也得冲入前三甲。有人说你就逆着它来肯定没错：它说下雨你偏不带伞，它说艳阳高照你偏穿大棉袄。结果？屡试不爽。怪不得这狂不靠谱的项目已经快变成“天气娱报”了，很多人拿它当一乐子看。

“砖家”经常出来解释，预报有雨没错，那天郊区曾经下过，你们在城里的感觉不到。

你说该挨板儿砖不？

我们巷口的李大爷可比“砖家”强多了，他那条老寒腿有超强的预报能力。稍一打晃儿，大爷立马挥手：都早回家啊，晚上有雨！语气坚定，铿锵之态跟神似的。如果你不听话，如果你不上心，那别怪大爷事后挤对你。当晚十有八九会阴云密布，大雨点子像是被大爷招来的，而且“唰唰唰”的特别有纪律性。每当你失魂落魄地趟着泥水回家，保不准儿就会在昏黄的灯光下遇见大爷的目光，那里面有几分怜悯、几分责备，当然还有几分自得。

有一阵子我也被同事们当“天气娱报”看——我一洗车，肯定下雨。太邪性了，往往阳光明媚的特别和谐，按说洗车指数特别高，可偏偏我一洗车，没多大工夫雨点子就噼里啪啦的淋你没商量，几十块钱白花。几次遭殃之后，我下定决心硬挺，甭管是风起云涌还是风和日丽就是不行动。过程当中有那种某物欲来风满楼的时候，我心中窃喜高潮赶快到来吧！结果您猜怎么着？人家愣是不下，那乌云呼啸而来又咆哮而去，跟成心似的。我只能刻毒地暗骂：憋死你个小王八蛋的！

终于等到我实在忍不住了，车已经灰头土脸的惨不忍睹，看着公家的天气预报精心挑选了一个万里无云的日子给爱车痛痛快快洗了个澡。看着它光鲜亮丽的样子，我心里也清清爽爽哼着小曲上班了。“伤不起”的是，还没到晚饭时间呢，凭空一声惊雷震碎了我的得意，五分钟后雨就心惊肉跳地肆虐开了。“悲催”呀！

所以，所以一旦我咬牙切齿地钻进车里要奔洗车房，同事们顿时奔走相告：打雷了，下雨了，收衣服喽！

最具娱乐性的一次“天气娱报”是在20多年前，就发生在我们山城广播局。每天电台负责播天气预报，其工作流程是这样的：下午四五点钟的时候，负责值班的播音员打电话到气象局，抄录下预报内容，然后进棚录音晚上播发。

那一天，某位爷值班，下午闲来无事，于是和小姑娘们甩起了扑克，把抄录的事儿扔到了九霄云外。等到该录音了才醒过闷儿来，但为时已晚，人家气象局对口的小同志早就回家见亲娘去了。

那个年代没手机、呼机、QQ、微信啥的，人离开单位你就找不着，家里都没电话，掘地三尺也没用。咋办？凉拌呗，自力更生、丰衣足食。这位爷拿出单子，做出了惊人之举——根据当天的状况杜撰了第二天的天气预报，最高气温、最低气温编得有鼻子有眼，而且晴间多云、零星小雨等专业术语用得也不含糊。

就这么大大方方地向全市人民播报了。

播完，没啥反应，挺祥和的。

第二天，首先炸了锅的是气象局，接着炸了锅的是广播局。得知真相的各位领导一致认为，这种不负责任的行径很坏很卑劣，严重破坏了两“革命单位”的声誉，严重损害了广大“革命群众”的切身利益！

结果，那位有着很磁性的声音的播音员受到了严肃处分。但“革命群众”还是高高兴兴上班来、平平安安回家去，谁都不知道或者说谁都不在乎天气预报是错的，因为对的和错的压根儿没啥大区别。

第四章 快乐是一滴滴榨出来的

重复的日子 / 就像剥开的一粒粒 / 花生小姐 /

尽管红裙裹体醉卧麻房 / 久了 / 便失去对舌尖的诱惑 /

那么何不来一次 / 华丽的转变 / 把它们放进幽默工厂的 /

压榨机中 / 提取一滴滴快乐的 / 质变

第四章

土　豆　命

小时候，老师骂笨孩子经常用“土豆脑袋”来形容其不可救药。但我总想不明白那些倒霉孩子是脑袋像土豆呢，还是脑子里进了土豆，一直没敢问老师，怕自己也被归到这一类。

事实上，这辈子好像和那一颗颗丑陋的淀粉集合结下了不解之缘，用老婆的话说，“我生来就是一土豆命”。

我的家在塞外山城，那里的土地一点没文学作品里描绘得那么好，再加上气候恶劣，尽管没现在流行的雾霾，但每年的寒冬仿佛特别长。所以种什么都不好使，只有土豆能傻呵呵地生长，而且一长一片，生机勃勃。

现在超市里的土豆们像使了美白霜，一个个细皮嫩肉的，身材也均匀。而 40 年前在我那贫瘠的山城看到的土豆，那可真叫土啊，黑不溜秋、高矮胖瘦、疙里疙瘩，没一个能参加选秀节目的。每个身上厚厚的那层土坷垃就不招人待见，它们只能堆在每家每户最黑暗的角落。

尽管它们拼老命也长不成“高富帅”，但这些“卡西莫多”（注：雨果

《巴黎圣母院》里的一个人物）们心灵特别美，放进锅里品相倍儿棒，入得口中更是绵软浓香，和什么一起烹饪便能吸收什么滋味，简直比《红楼梦》里刘姥姥吃到的极品茄子还优秀。有一种叫“锅里变”的，外皮是紫色，但一沾油锅立马就变成金黄色，而且很快就成沙状心甘情愿地化到你嘴里。

现在在北京已经吃不到这样的好土豆了，都是那种水了吧唧的。

兴许是儿时真没什么可吃的，尤其是冬天基本上只有两种选择：一种是白富美的大白菜，另一种就是“锅里变”了。面对这道乏味的选择题，我还是毅然决然地拥抱了后者，而且这一亲热就持续了 40 多年。

幼年时的味蕾为我坚贞不渝地指明了方向，“土豆命”就是这么来的。

直到现在，甭管它被加工成什么形状，土豆泥、土豆丝、土豆条、土豆片、土豆块……我都急不可待；甭管使用什么烹饪手段，蒸的、烤的、炸的、炒的……我都趋之若鹜。如果两天没吃到土豆就仿佛少了什么，没到失魂落魄的地步也快六神无主了。

生猛海鲜对我来说一点意思都没有，请我吃饭千万别花大价钱，来份土豆就能打发，而且绝对能赢得我的“点赞”，当面就能竖大拇指，爱听什么我肯定全说什么，好像“吸粉”的看见“白面儿”那么没出息。有段时间经常去南方出差，一吃饭就是精致的菜品，要样儿有样儿，要色儿有色儿，唯独没有我的菜。

也是，在人家眼里那两个字根本不值一提，上不了大雅之堂。让我点菜，把漂亮的菜谱翻了个底儿掉，也没找到我那心仪的“卡西莫多”大叔，最后只能悻悻地说：“随便！”

超过两天极限，我就坐卧不安了。瞅没人的时候偷偷跑趟麦当劳，义薄云天地点份大薯条一根一根地安慰自己，根本不用番茄酱点缀，还一副特别陶醉的模样，那表情估计跟冯小刚的贺岁电影里八百年没吃过烧鸡的那哥们儿一个样儿！或者去肯德基也行，豪情万丈地点它三份土豆泥，弄得打工学生妹特别诧异地看着我，并一再核对我的要求，生怕弄错了老板罚款。其实不怪我，都怪美国佬太抠门儿，躺在小塑料盒里的土豆泥分量极其可怜，一份怎么能满足我渴求的味蕾呢！

不过我还是暗暗地给美国佬投了赞许票，甭管怎么说人家把“卡西莫多”也当成了主角，跟“外国肉夹馍”站到了一个舞台上。不像咱们的大餐馆，满是歧视。

当然，外国人做的怎么也比不上咱自家的老手艺，不放蒜瓣、辣椒爆炒似乎算不上真正的菜。所以，那段时间我经常深夜出动沿街寻觅，在一家家的小门脸里打听，总能得到期待的回答。尽管南方厨师炒出的土豆丝口味清淡，没什么过多的作料和颜色，但对我来说配上一碗鲜亮的白米饭，那就是千金不换的神仙美味啊！

每次朋友聚会，我做饭的刀工最能技惊四座，切土豆丝又细又匀、又快又稳。“谁知盘中餐，丝丝皆辛苦”，操练了 40 多年呢，你能比得了？

人出没，熊注意

周末狂堵中，突然心情好起来，右前方和我一同亦步亦趋的小红车屁股上贴一张 A4 纸写的标语：人出没，熊注意！

哥们儿一个人差点笑出声来，愚蠢的好奇心勾搭着我一定得参观一下这么霸道的车主到底长什么样。

偏偏我们这条道总没起色，无限接近蜗牛走路的速度。小红车屁股冒着烟儿，扛着标语，挺得意。估摸着这给紧跟其后的主儿施加了不小的压力，离它老远而且一声笛都没鸣过。

一来二去终于和小红车擦肩而过，里面一文弱的眼镜哥正怒目圆睁、全神贯注地捣腾油门、刹车呢，压根没发现正被人关注。

看着这位六神无主的新手，突然想起了早年间的我上路比他还紧张。那次神圣的“处女开”是在一个阳光明媚的下午，买来“嘎嘣儿”新的捷达已经被厂家热情洋溢地送到了单位门口。尽管钥匙在握，但心激动、手颤抖，脑子一片空白，因为自打走出驾校的大门，半年多没摸过一次方向盘。

怎么开回家呢?

如果正常下班，在车流里左奔右突，对新手来说无异于一场大刑。

于是我做出了一个大胆的决定，冒天下之大不韪给自己提前下了班，没跟领导打招呼，下午三点准时早退！为确保安全，我还拉一垫背的坐我旁边——组里一老司机，人家经验一条一条地都写在了脑门上，看了让人踏实。

钥匙插进去，点火。我跟那啥似的号叫一声上了街，没啥快感，但挺刺激。

临行前我还反复叮嘱老同志要多多提醒，我可是个危险分子！可一旦踩上了油门，老同志究竟说了什么压根听不见，两耳边呼呼全是风声。方向盘重如千斤，原本并无缚鸡之力的双手攥得那叫一个紧，估计五条大汉都掰不开我一根手指头。没工夫低头看，当时的那俩胳膊肯定是青筋暴露、血脉贲张。

行驶过程中，明显感觉眼睛不够用，恨不得上下左右再长几只。十几年前下午三点钟的阳关大道上车并不多，但反馈给我大脑中枢的哪儿哪儿都是紧急情况，刹车被我踩得“咚咚”直响，老同志不得不跟我一起频繁点头，跟不停夸我一样。

安全停在了家门口，意味着第一战役胜利打响。那半个多钟头的人生第一次刻骨铭心，新空调开得很足，但虚汗湿了大半衣衫，连裤头都能拧出水来。那是纯虚汗呀！

老同志蹒跚着下车来，语重心长地说:“革命尚未成功，你丫尚需努力！”

“怎么努力?”

“月明星稀之夜，三环路，勤练，勤练！”

“得令，得令！”

同办公室有个美女和我一起学车，遵照老同志的教诲，她经常后半夜奔赴环路练兵，据说手艺大涨。一次晚上下班回家，同志们纷纷表示要目送我们启程，顺便检验一下我们的“革命成果”。惯走夜路的美女倍儿美，提胯抬腿、昂首扬眉地十九八七倒记时冲了出去。还没等鼓掌，同志们就惊呼上了：开灯，开灯！别撞树上！

半天没啥反应，她那辆小奥拓压根没“睁开眼睛”，估计美女“骑上烈马”之后两耳也听不见窗外事了，两眼摸黑地就闯入了车流。

就这还天天半夜上三环呢？没撞隔离带上真万幸了。我狞笑着点火开灯特别平稳地驶出单位大门，赢得一片赞誉。

拐进三环路，越走越觉得平稳，出奇的平稳。不会吧，同志们都走了，干吗还表现得这么矜持呢？怎么给油都不带激动的。忽然手边碰到了一个硬撅撅的家伙，斜刺里立着，那角度很张狂。再看看仪表盘，手刹的灯是红的！敢情头二十分钟的路都是跟手刹拼出来的，我说怎么一路上后面的车总“嘀嘀”个没完呢。

耳边仿佛听见了美女的狞笑。

到家后满怀挫败感地下来，车库里满鼻子都是一股烧胶皮的糊味儿。我由衷地抚摸着新捷达说，哥们儿真对不住你！

鉴于我们的手潮得跟下水道似的，同志们捶胸顿足地勒令：赶快在屁股上贴条儿吧，大家伙儿看见了都能躲着点儿，安全！

于是，我俩开始了创作。光贴“新手”俩字没创意，那会儿正如火如荼“申奥”呢，我就顺手窜改了一下——“新北京，新司机”，听起来大气，春风扑面。小丫头也不甘示弱，“女司机 + 磨合 + 头一次 = 女魔头”！ A4 纸一打出来，寒气逼人，特别辟邪！

第四章

都是月亮惹的祸

多年前租住在一破旧的居民楼里，两室没厅，一楼。

一楼便宜，可便宜就没好货。除了阴冷潮湿、满地蟑螂、下水道反味外，糟心事不一而足。

先说我下面的邻居，那栋楼的地下室租给了一个南方来的人家。事实证明，这楼里没一家人能比他们更勤劳勇敢了。

怎么说呢？

这家人组织结构简单，但分工绝对明确。三十出头的男主人负责小区内的早点事业，每天晚上十点钟准时开始绞肉剁馅儿，菜刀冲击砧板的声音扎实，力度均匀、节奏平稳、经年不变；凌晨四点，一个古老的闹钟准时响起，催促他开始埋锅造饭；大约五点钟，如果你路过他的小摊儿，浓香的包子味儿准能拽住你的脚步。

包子很香，但我的觉睡得很痛苦，薄薄的楼板根本挡不住各种韧性的声音，每天我都被迫参与包子制作的全过程。

女主人负责小区内的缝缝补补事业，谁家的衣服要改、谁家的窗帘要做都找她，还有源源不断的诸如座套加工、靠垫缝制等杂活，总之她的缝纫机就很少闲着，经常响到夜里两三点。咱家的脑袋放在枕头上，那细细密密的声音沿着钢筋水泥顽强地生长出来，十分规律地一下下扎着你的听觉神经，执着而坚定。

男主人的妈妈头发花白、精神矍铄，负责看管两三岁的孙子，副业是清扫小区内的主要街道。每天和儿子同时起床，然后扛着笤帚上街。有一次我在单位加了一个大夜班，凌晨四点多回家，看见老奶奶已经把道路扫了一大半。此时，天上还挂着月亮，再加上深冬的寒风，老人的头发一缕一缕地飘舞着，那景象说不出的凄凉悲壮。

大概过个把小时，老人扫完街再去给儿子打个下手，煮煮馄饨收收零钱，回到家孙子也该醒了。

不知道这家人谁是领导，很少听到他们讲话，所有人都默默地做着自己的事情，像表盘上的指针各有轨迹各有规则，互不干扰但目的一致，那就是向前、向前！

我时常跟同事讲起他们，那种爱拼才会赢的精神足以鼓舞任何人。

但感动归感动，他们不分昼夜辛勤劳作的各种嘈杂的噪音也让我无比痛苦，想睡个好觉那简直就是个天大的奢望。

谁让你是一楼呢？离地下室最近。

起初我还扛着并努力适应着环境，但有一天发生的事情让我痛下决心赶快搬走！当然，事情跟那家人没啥关系。

那是个夏夜，我好容易听着剁包子馅儿的动静睡踏实了，猛然间一阵敲门声把我惊醒。抬头看表，凌晨两点半。

是谁半夜造访？

门敲得很急促，没等我做出恰当的决定，门外传来简洁有力的声音：

第四章

“警察！”

那一瞬间我脑子里飞快地旋转着，努力检点自己咱没做什么亏心事呀，怎么大半夜的把警察都给招来了？

我慌慌张张地穿衣开门。

那警察看着比我年轻，说话特别低碳、倍儿脆，没一个废字。

“隔壁报警，你家空调被盗！”

嗯？空调啥时候给人偷了？怎么隔壁报我家的警？

本来后半夜脑袋就不大灵光，这不在一条线上的事更让我糊涂了。

“快看看吧。”小警察叮嘱。

我转回身看了一下空调，没丢，还挂在墙上啊。

小警察看我那一脸二乎样儿笑了，“看外面”！

我这才琢磨过味儿来，的确那空调已经不吹风了，透过窗户一看，空调的另一半消失了，只剩下一黑黢黢的空架子显得挺委屈。

事情来得太突然了，而且有点滑稽。

这时隔壁家的女主人出现了，她说最早是她听到动静的。一开始还以为“咚咚”的声音是地下室剁包子馅儿的呢，后来觉得有点不对，好像这声音很近。等她开灯叫醒丈夫再拉开窗帘探看敌情，小偷们早完成任务扛着大家伙一溜儿小跑了。抬眼再往我家这边看，才发现倒霉的不只她一个，于是报警。

“这空调刚装了一星期，还没磨合好呢就让人抢跑了，倒霉啊！”她无比气愤地说。

还好，我那空调好歹用过一年，赚了！

沉默了一会儿，就在我履行规定认真填写警察递过来的单子时，这位女主人说了一句惊为天人的话——

“都是月亮惹的祸！”

啊？这么“悲催”的时刻还有心思唱卡拉 OK？

看我困顿的表情，她补充道：“今儿的月亮太亮了，正好给小偷照明。不这么亮，咱的空调也丢不了！”

我再次来到窗前举头一望，没错，月亮的确又圆又大，超强手电筒啊！在这种质量的月光下，除了各种情侣欢欣鼓舞外，估计高兴的只有小偷了。

第四章

歪瓜裂豆也得抢

“非典”，挺怪一词儿，但在 2003 年却一路平趟横扫全世界。

说来挺悲哀，连肉眼都看不见的小东西却释放了无穷大的能量，以至于所有人对它避之唯恐不及。

那个时候马路倍儿敞亮，比驾校的练车场还空旷，在北京的三环路上脚放油门上都不用抬的，去什么地儿那就是弹指一挥间的事儿。

当然了，您去哪儿估计都进不了门，找谁都见不着人，红红的警戒线提醒大家伙儿：病毒没长眼睛，没事别瞎溜达。

就连小饭馆都变得高大上了，每个菜盘子里都配了公筷，特绅士范儿，旁边还有必备的小碟，里面是切好的生蒜瓣。那一片一片的透着力量，据说它能提高免疫力，“小非”们惧它。谁知道真假呢，反正吃了没坏处。连美女都不讲究吃完有没有口气了，嘎巴嘎巴地嚼一点不带犹豫的。尽管舌头感觉到了阵阵生猛，但管他呢，心里踏实。

反正吃完都得戴口罩。

现在雾霾天人们好戴这玩意儿，矫情。比起“小非”的杀伤力来，那2.5的颗粒简直就是个屁。

在小区里曾经遇到过一对母子，都戴着很厚的口罩。那个可爱的小毛头指着路边套着防尘罩的奔驰问妈妈：“那个汽车也得‘非典’了吗？”你看看把这孩子给吓的，都能到触类旁通的境界了。

很多时候，恐惧是会传染的。

还记得日本核电站泄漏的时候，咱国内有人疯抢食盐吗？原本八百竿子都打不着的事儿，可实实在在就能发生，荒诞得都有点不真实。不过，现在提起来人人都可以是诸葛亮，但身陷恐慌之中，谁都保不准会做出愚蠢的事来。

我就是一很生动的例子。

在“小非”发展壮大的过程中，人们整天被不断上升的感染数量和越来越密集的救护车煎熬着，紧绷的神经随时都可能被某种传言瞬间击穿，安全感陷入严重低迷的阶段。

首先，口罩脱销，但凡哪儿有存货了肯定招致疯抢。

后来，消毒剂脱销，货架上刚搬上来的也被疯抢。

再后来，凡是必需品都危险了。疯抢！

无偿提供生蒜片的饭馆们也都齐刷刷关门了，伙计们不由分说地踏上了返乡路，而且谁都不敢承认是从首都回来的。吃碗炸酱面的地方都没了，那只能自己下厨房。接下来的问题来了：家家户户都得自力更生，那鲜菜得需要多少呢？运菜的大哥都猫家里了，谁管开运输车呢？没开车的怎么把菜弄到超市呢？没菜咱们怎么炒呢？锅底儿都空了往后怎么活呢？……

细思极恐。

于是，有一种传言比“小非”们传播得还厉害：副食供应几天之内就要崩溃！

手机里的短信“啪啪”作响，都是相互提醒的。我二话没说，抄家伙就走。

当然了，家伙不是武器，也不是大箩筐，是口罩。之所以没拿装东西的大物件，我是想情况不会太夸张吧！

等我来到超市就傻眼了，拿什么都没用了。只见里面的人都是一副急赤白脸的样子，行动好比风卷柳，见什么都往购物车里扔，跟倒找钱似的。

购物车已经没有了，我顺手抄了一篮子。挤在慌乱的队伍中，我比没头苍蝇好不了多少，都忘了出发时的目的到底要买什么来着。

事实上，想买什么都晚了。绿叶菜连影儿都看不见了，空荡荡的货架子上只剩下几个顽劣的土豆。我看了看它们的样子，带着各种伤疤，形状古怪，平时白给都不要，可眼下到什么状况了？“中华民族到了最危险的时刻”！下手吧，我边鼓励自己边把那四五个脏土豆一把抓进了篮子里。旁边一大姐一个箭步跨过来，但比我晚了 0.1 秒，只得连声叹息。

顿时，我觉得那几个破土豆金贵起来。

有个大妈检阅车里的战利品，有条黄瓜似乎不太令人满意。她拿出来又放下，思前想后又拿了起来。我警惕地跟随着她，准备随时接应。果不出我所料，老太太最后还是哆哆嗦嗦地把它扔到了柜台上。说时迟那时快，我立马将其擒获，尽管整体上不大精神，头儿上还烂了一块，但抢到篮子里就是“革命的好黄瓜”。

之所以欣慰，是因为转眼望去，卖菜的摊位已经全军覆没，干净得有点夸张，连葱姜蒜都无处寻觅了。

我随着人流又小步跑到日用品区域。这里的状况也好不到哪儿去，“84 消毒液”想也甭想了，能看见撕下来的外包装就不错了。有袋洗衣粉被虐得撒了一地，过来过去的人们鞋底子都变白了。

“奇葩”的景象是：马上过夏天了，竟然还有人抢棉被。

反正甭管是什么，就一个字，抢！

卫生纸有人一下子能抱几大包，不知这得擦多少日子。看着可笑，可我转念一想，万一“非典”很调皮地持续个一两年才走呢，咱也不能光吃不拉吧？

正在我思想斗争的工夫，大包卷纸也一干二净了。旁边的盒装面巾纸还有点存货，我咬了咬牙猛拽了一袋子，心想用这个上厕所更牛气，“非典”都来了还不善待善待自己？

再看看其他的都乏善可陈，总不能再无端地买两个马桶刷回去吧？

结账的队伍蜿蜒曲折，人们流着臭汗、大口喘着气也不愿摘掉口罩。疯抢的战场出奇地安静，没一个聊天的人，大家都心事重重的，耳边只有收银台扫码仪的嘀嘀声此起彼伏。

我提着几个歪瓜裂豆和一袋子面巾纸回家，反复洗过手之后心情极其复杂。我不知道自己为什么忽然变成了这样子，穿越到今天肯定会笑掉大牙，可身在其中就不得不是个战士了。如果是你提着空篮子，看着满场飞奔的人，看着他们如饥似渴的眼睛，你还能是个冷静的旁观者吗？未必。

老婆看了我抢购的成果笑得不能自持：“你一有头脑的大老爷们，怎么也相信谣言呢？”

为证实真伪，第二天我又全副武装进驻超市，结果满世界都满满当当。我的心很是羞愧了一阵子……

第四章

有便宜不占王八蛋

这个题目写下来特别不文雅，但它却有一股恶狠狠的味道，读起来快感荡漾。这是以前胡同口的大爷常挂嘴边的一条生活哲理。

有件事让我加深了对此“格言”的理解。

我们小区外面悄然升起了一座宏大的怪楼，楼顶上鎏金竖着巨大的招牌，起了个特别内敛、特别文艺的名字，没几个人能明白霸气的它到底是卖什么的。

忽一天，物业通知：天上掉馅饼了！快来领礼品券！白吃白喝的那种。

有这等好事？骗局吧？现在骗子都这么干。

物业急了：都在抢呢，来晚没了啊！

本着“有便宜不占王八蛋”的思想，我挤进物业，在嘈杂的嘴和慌乱的腿中抢到了两张红扑扑的礼券。定睛一看，正是那座怪楼的体验卡，再仔细研读，那是一家洗浴场所，包自助餐，绝对免费。

横竖看不出骗局，于是趁着心情尚好在标准饭点前两小时兴高采烈地奔向大楼。

不能不赞叹建设者的品位和档次，大堂金碧辉煌，吊灯熠熠生辉，要紧处还有椰子树做点缀，不仔细盯看不出是假的。大门两旁的姑娘们身着各色格格装山呼般欢迎、海啸般行礼，没点心理素质一定会步伐错乱的。

原本以为在时间上打了提前量铁定很从容，没成想被欢迎后满眼都是人，男女老幼弹冠相庆、共襄盛举，光等服务员发手牌、换拖鞋就耗时一刻钟。

即使脱了衣服也认得出来，周围跃跃欲试的都是小区里的平民百姓，大概所有人都跟我一个脾气：免费的八抬大轿谁不坐？当回皇帝不容易。人群中的亮点是我们院门口站岗的保安，平时一脸严肃的哥们儿此时都笑逐颜开，主动打招呼："来啦？"

"嗯，来啦。今天不站岗了？"

"我们轮班，洗完澡吃完饭回去换别人来。"

您看看，连保安都集体狂欢了跟过年似的，真得感谢这家买卖的老板豁得出去、想得开，太有爱了。

这份爱连老大爷们都把持不住，一个个颤颤巍巍地拄着拐杖来了。最夸张的是有一位老大爷，目测怎么也得80多了，俩胳膊被家人搀扶着亦步亦趋地挪向热水池子。我真担心，沾满水的地那么滑，摔出个好歹来咋办？随处漂浮的腾腾热气，一颗衰老的心脏能受得了吗？

事实再次证明，"有便宜不占王八蛋"的古训颠扑不破。在整个清洗的过程中，人们把它发挥到了极致。有个孩子，小脸儿已经红扑扑成了小苹果儿，一直吵着要钻出热水池，但身边的爸爸极力劝阻："好容易来一趟，多泡会儿吧，多泡会儿吧！"最后泡得孩子几近崩溃，眼神里全是绝望。淋浴时遇见一小伙儿，用洗面奶洗完脸后接茬儿往身上挤，估计盘算着怎么着洗面奶也比沐浴露贵，最终那管子液体被他折磨得空空如也扔到了地漏旁边。与此类似的是，原本擦脸的护肤品被一糙老爷们儿涂在了身上，倍儿仔细、倍儿全面，最后还扬起胳膊往腋窝处喷了两股子香水儿。我私下里琢磨，平时在家估计他是不会沾这些东西的。

相形之下，搓澡师傅们很寂寥，因为那是收费项目。尽管他们扯着嗓子招揽顾客，但基本没什么人去迎合。

人挤人地完成了沐浴各环节后，大家开始奔向餐厅。我眼前是一条穿着统一浴服慢慢流淌的河，偶尔此高低胖瘦参差不齐的河还会停滞几分钟。河道不畅？我伸长脖子努力踮起脚尖终于看明白了，原来餐厅已经满员，服务员正在极力劝阻各位爷爷奶奶叔叔阿姨耐心等待，出来一个才能进去一个。

什么时候才能出来一个呢？君不见自助餐战斗刚刚打响，捷足先登的战士们一脸得胜的幸福模样。每张桌子上盘盘碗碗堆成了小山，无论凉菜热菜、粗粮细粮都被一网打尽，估计平时不招人待见的玩意儿现在都成了香饽饽，白给的还不要？屋子里充满了亢奋的声音，连抱怨都是富有激情的——“筷子呢？筷子！没筷子啦！”

连工具都断货了，咱还等什么呢？

正欲转身离去，忽然发现了角落里面熟的保安，小哥们儿手捧一杯不要钱的白开水慢慢品，慢慢等呢。

有跟我一样意兴阑珊的，穿衣下楼不再凑热闹了。

交了体验券，客服经理们扑面而来，他们热情万丈的中心思想是：“办个卡吧，10000 赠 3000，超值！”可我和周围的人民群众纷纷摇头，婉言谢绝。有个大妈说得很直白：“白给还可以，花那么多钱谁还来啊？”

当时我就预感到，这么豪华的买卖开在我们小区边上算“白瞎”了，撑不了多久。

果不其然，没出俩月就已经“门前冷落鞍马稀”了，体验日的火爆场面估计这辈子也不会再来了。

锅碗瓢盆也疯狂

一女同事不爱红装爱武装，一到商场高跟鞋、红裙子啥的没工夫看，直奔卖锅碗瓢盆的地方，一视察就是一下午，倍儿陶醉。

“知道双立人吗？”这是她要跟你聊天的起始句。

“双立人，跟汉字拼写大赛有关？”

“你‘奥特’（out，出局、落伍的意思）了！是锅！”

解释半天才明白，原来人家是个炊具的品牌，据说贼牛。

我不以为然，“不就是口锅吗？能怎么着啊？”

“哎呀，土老帽儿，看看就知道了。”女同事那一脸的不屑，仿佛我从上个世纪走来。

为了不再获得鄙视，也抱着跟上时代脚步的想法，我找到了那个天天被女同事挂嘴边的神奇地方。

不得不承认，这块占据了商场地下一层的大手笔处处都蕴含着震惊，绝对让你一问一瞪眼。

第四章

走下扶梯你便如同走进了一家博物馆，每个品牌都是一个精美绝伦的展厅。锅，在家谁都懒得多看一眼的玩意儿，摆到这儿却如同精心雕琢的工艺品一般。大大小小高高低低的锅们在设计各异的展台上呈现着各种姿态，有个别的竟像出土文物一样被特别摆放在微型水晶棺里，几只射灯一照神神秘秘的特别像回事儿。

见有人来了，服务员并没有像卖衣服的姐妹那样主动扑上来，而是用余光慢慢观察你，等你靠近并低头观看了，才用有一定控制度的音量说：“你好！”

“这儿是双立人吗？”——我只知道这么个牌子。

“不是，他们在那边。不过，我家的产品比双立人还好，纯进口的。”

我拿起一个炒锅，死沉。不过这厮通体都是不锈钢的，据说还是磁性不锈钢，怎么个磁性法不知道，反正看着光滑透亮、闪闪惹人爱的样子。

“这锅多少钱？”我最关心这个。

“2900，先生。”

啊？没听错吧？这价钱都能买一大冰箱了，真够疯狂的。

“现在买能打折，2880，挺值的。”

我没接茬，放锅的手不由谨慎了许多，万一有点磕磕碰碰再讹上咱那可惨了。

“我再转转吧。”我装作不大满意的样子扭脸走了。

姑娘没挽留，连一个字都懒得说，可能估计我兜里也没那么多钱。

接下来的展台，布置得跟欧洲小镇的酒吧似的，家具一律都是原木的，散发着低调和大气。服务员也明显有亲和力，距离很远的时候就用微笑迎接你。

我被让到吧台前坐下，姑娘给倒了一杯白水。别小瞧这水，人家是用高脚杯盛的，还叮咚叮咚往里加了冰块。

“您放心用，杯子都是专门消过毒的。如果觉得不够凉，您还可以自己加。”说着，冰桶推过来了。

我的心情大好，怪不得女同事爱来呢，原来有这么好的待遇。

我配合着很绅士地抿了几口，装作很随意地晃着杯里的冰块。

“您转半天没找着满意的吧？”姑娘问。

还没等我搭茬儿，她又说：“告诉您吧，其实现在很多东西都是国产的再贴上外国商标。我们家的就不那样，纯德国的东西，每一件都是那边运来的。”

接着，她把我引到一个特制的灶台边，拧开火边烹饪边讲解她家锅的各种好处。冷菜碰热油“刺刺啦啦”，一股子生活的味道，让你忘了这里是商场。

拿了精致的小碟子，我很合作地夹了一筷子清炒胡萝卜。嗯，不错，挺烫嘴，一股熟悉的食堂味儿。

平时下厨房，我最怕炒菜粘锅。只要黏黏糊糊一粘上，菜立马没了品相，滋味也被侵犯了。所以我问她：“这锅粘底吗？”

“不粘的。不过您得控制好锅的温度，等锅 40° 热了再倒油，等油七分热了再倒菜，这样就不粘了。另外，炒肉最好别勾芡，淀粉是最容易趴锅底的……”

我偷眼瞄了一下价签，3400！

合着我花 3000 多还得配个温度计，还不让放嫩肉粉，如果就这么成交了，你不觉得我是天下第一号冤大头吗？

我含笑不语，继续晃悠冰块。

看我没明显反应，姑娘又说：“看您拿杯子的动作，平时特别爱喝红酒吧？”

同样也没等回答，她又拉我到吧台后面的展柜。

里面是各种各样稀奇古怪的玩意儿，但都和红酒有关。看了半天，只有一样东西我认识：瓶塞儿。

同样是不锈钢的，在一垫着锦帛做工精良的木头盒里躺着，个头不大，但浑身散发着“高大上”的气息。当然，价钱也是“高大上”的，1100。

“喝红酒最好配坚果，搭配起来特别养生。”姑娘又来了，顺手拿起一个金属圆头的古怪东西。见我诧异，她熟练地捡起一颗榛子，往那圆头器皿里一放，手轻轻一按盖子壳碎仁出，特别利落。

不得不佩服人家真聪明，想法怎么那么独到。

甭问，藏着这么高的知识含量便宜不了。

“这个太划算了，今儿特价 580！”姑娘像是推销大白菜似的，透着“一览众山小”的气概。

我苦笑着摇摇头，心想：我花 500 多买个捏榛子的，这要是贫下中农出身的老妈知道了还不得把我劈了？

我抬屁股要走，姑娘有点着急：“先生，您是不是先来我们这看看货，然后回家‘网购’吧？告诉您吧，我们是纯进口的，网上没有，要有也是假的。”

我赶紧解释：“假的咱肯定不买，但真的压根买不起呀。你觉得我兜里有那么多钱吗？”

姑娘乐了：“这可没准。昨天有个大姐，穿的也不咋地，可一气儿买了五件东西呢！”

嚯，打哪儿来的“土豪”啊？

路上我赶紧给女同事打电话：“锅碗瓢盆发烧友，你昨儿又买锅了？还五件套？”

女同事倒不客气：“你以为我抢银行了？去那看看养养眼得了。逛珠宝店也不能去了非得买吧？再说了，手艺跟锅没多大关系，特级厨子就是拿个破铁片子炒菜也比你香。”

这话说得没错。不过，怎么听起来我倒成反面教材了？

家有早姑娘

如果你问我，这辈子最成功的作品是什么？是哪本书、哪首歌曲、哪台晚会？都不是，答案肯定是俺闺女。

翻开这个作品，哪一页都充满了幸福。

转眼间闺女都快十岁了，在静静回味的时候，忽然觉得属于她的那个冬天离我那么近，那么温暖。

当她还在妈妈肚子里的时候，医生就告诉我们，小宝宝一月底差不多可以降生。那会儿我们都很兴奋，因为这和我的生日相近，要是能在同一天那就太好了，至少切一个蛋糕就可以得到两份快乐。

于是我和老婆都盼着在 1 月 31 日这天隆重迎接她。

没成想小家伙太心急了，29 日晚上就有点躁动不安，赶到医院的时候都快出生了。30 日凌晨——她比我们预想的提前了一天高亢嘹亮地来到了这个世界。

母女俩是一起被推出产房的，她裹在襁褓中放在了妈妈的腿上。第一次面对她，那种感觉无法形容，新奇、感动、自豪？好像都不是。经过人生的第一关，小家伙显得很平静，没有太大张旗鼓。

对于很多刚刚当上爸爸妈妈的人来说，给孩子起个好名字肯定是头等大事。我们也不例外，绞尽脑汁想各种好词，排列组合、东拉西扯、借古喻今……怎么看都不合适，怎么叫都不顺嘴。

起初我还想玩洋的，因为有个电影叫《天使爱美丽》，于是我建议就管咱闺女叫“爱美丽”吧，天使啊！

老婆欣然，觉得成。可试用了两天，皱着眉头说换换吧。怎么了？不是挺好的吗？原来半夜里保姆给爱美丽换尿布时迷迷登登地说，“乖啊，爱丽娜”！

老婆听了顿时失去了兴趣，这以后还不知道得有多少人把那么好的名字叫俗呢。

于是，“爱美丽”忍痛停用。旧的去了，可这新的怎么也来不了。

忽一天，我想，这宝贝有个性，愣要比我早到一天，那就叫她小早吧！“早”和“枣”谐音，叫起来很可爱，而且可以任意组合：乖枣儿、坏枣儿、甜枣儿、臭枣儿……

此提议得到了一致认可，早姑娘就这样有了自己响当当的名字。

小早儿似乎对自己人生第一步迈得很满意，第一天护士推着去洗澡就在小床上乐，惊得护士直嚷嚷：这孩子这么点儿就会笑啦！——多本事啊。

要说遗憾，那是我们谁都没想到的：小早儿眼睛太小了，而且单眼皮。我和她妈妈两人都是大眼睛啊，怎么这个细节这么失败呢？从第一眼看见她，我就发现了这个差强人意的现象。

朋友们都说，孩子刚出生都这样，你看人家眼线多长啊，以后肯定会长成大眼睛的，别急！

等啊等的，直到现在那“心灵的小窗户”也没啥大发展，还保持了原有的规模。索性我也不盼了，咱就这样挺好，你看人家多少国际大名模都是小眼睛单眼皮，不也照样火吗？时尚！别人想小还小不了呢，嘿嘿。为此，我还美得专门把手机彩铃弄成了庞龙的《小眼睛的姑娘》，过段时间再换成《单眼皮女生》得瑟得瑟。

一周岁的时候，我们也按老规矩让小早儿抓周。您猜怎么着？面前一大堆体面的东西，她偏偏抓了个大白馒头！有追求啊，这辈子不愁吃了，管他眼睛大小呢。

有人说女儿是爸爸上辈子的情人。还别说，有点道理，小早儿从小就跟我好，纯天然的，一见到我就欢欣鼓舞地扑过来，笑得跟什么似的，还不断地用小手拍我的脸。她会说的第一个词就是“爸爸”，特别新鲜，特别稚嫩，特别招人喜欢。为此，老婆无比生气，一把屎一把尿地拉扯大，怎么她就不先叫妈呢？

我特别同情她，但没办法，天性啊。当爹就能享受这样的待遇，急也没用。

每天上班，小早儿都要送我出门，而且在我脸上要亲个“梅花”——额头、鼻子、下巴、两个脸颊都得留下她小嘴儿软软的、湿湿的痕迹。一岁多的时候妈妈问她，爸爸干啥去呀？她斩钉截铁地回答：“爸爸上班买鱼！”呵呵，那时她最喜欢吃鱼，估计小心眼里琢磨着爸爸起早贪黑地就忙乎买鱼这事呢。和闺女挥手拜拜，一天的好心情随之而来。

因为是一个星座的，所以闺女和我的性格完全一样，有时遇到点什么问题，俺俩小眼神一交流如此这般就妥了，根本用不着商量，而且打心眼儿里她就认为她爹是全世界最好的。比如车音响里只放我的碟片，那些歌我都听吐了，但闺女还热情不减地每首都跟着唱，每个小节一点都不会错，发自内心地高兴；我做的节目，甭管收视率高不高，她就觉得好看，到点儿准按开电视，手里的作业先扔一边儿看完再说；我写的文章，她第一个先读，小眼睛特别聚焦地逐行认真扫描，还时不时地哈哈乐起来，最后都给予充分肯定：“挺棒的嗨！”……

在闺女面前，我的自信心立马爆棚，吃嘛嘛香干嘛嘛成。

识　字　秀

闺女自从光荣地成为“一年级的猴儿”之后，疯狂地喜欢上了识字，有那么段时间见字就读，那种成就感比在幼儿园里搭积木强多了。

当然，基于可怜的词汇量，念得对不对那就另说了。

有一天，我领着她逛街，小伙伴突然问我：“爸爸，‘暴力店’是干吗的？”冷不丁的一句话吓我一跳。暴力店？专门打人的？正在我摸不着头脑的时候，她小指头一指，原来那招牌上写着“报刊店”，她以“刊”为“利”了，其实还差两笔呢。

拐过街角，光天化日之下她竟然脱口而出：“马家老鸟！”——这信息量也太大了，引得来往行人纷纷侧目。我紧走两步，仿佛跟这孩子不认识。她意识到似乎不对，但还不甘心，又问：“不是老鸟吗？”我只能解释：“一般的鸟没那么大，是你常去吃的肯德基的鸡。”

“那肯德基怎么不写这个鸡呢？”她一副誓不罢休的样儿。

“这个怎么说呢？外国人嘛，咱就管不了那么多了。”

看她还有继续探讨的欲望，我赶紧领她进了冷饮店，用冰淇淋堵住了那张没完没了的小嘴。

这一时期，五花八门的招牌是她的最爱，不念出来心里不踏实。当然，你以为回家就消停了，那是坚决错误的。电视一打开，她的识字秀也就准时上演了。

各种节目名、各种电视剧名都是她要涉猎的范围，而且绝对具备不耻下问的优良品质，我也当起了神圣的家庭教师。

我深深知道自己的角色有多么重要，因为小的时候我可吃过这方面的亏。要说闺女爱识字，绝对遗传她爹的好传统。在我四五岁的时候就会写“毛主席万岁”，家里的门板是我习字的好地方，“人民公社庆丰收”能写好几遍；手里的小人书是我接触生字的良好介质，看着图可以大致猜出一些字的读音和含义。

那会儿爸妈都在“干革命”，哪有工夫理我？邻居的小哥哥就成了我的第一个老师，他经常很耐心地给我朗读那些深奥的文字。

当然了，该小哥水平略差，被卡壳的地方也就超级多。

有天晚上，我给妈妈显摆新学的能耐——给她读《小兵张嘎》。有一句我印象极深：“他把手里的石头用力‘奶’了出去！”——就这一行字让劳累一天的妈妈大笑不止，特别有醒脑解乏的功效。“是‘扔’出去，哪有‘奶’出去的？”妈妈笑得差点泪都下来了。至今我都恨那小哥，估计他满脑子都是“奶”，以至于让我误入歧途。

有了切肤之痛，所以我指导起闺女来一点不敢怠慢，恐蹈覆辙。当然，她自己主观臆断的就完全不是我的责任了。比如看着蒋雯丽，她会振振有词“幸福来‘搞’门”；看着说相声的，她会信心满满“姜‘屁’”！

妈呀，我立马捂住她的嘴，亏着这是在咱家，要是让姜昆爷爷听见了那还了得！

有多少因果可以重来

多年前同事给我两本书，薄薄的册子，一直没在意。偶尔翻出来看看，不得了啊！竟然一发不可收，不知不觉捧着它已是下半夜了。

这书的封面是漂亮的荷花，如果你信佛，那么一定知道这是和佛学有关的美文。

我和佛的缘分可能和大多数人一样，只是旅游的时候去各个庙里参观过，没这方面的具体知识和概念，倒也随着众生烧过香、拜过佛，心里默默许着愿望，希望佛能听见。

俯身磕头的时候也挺虔诚的。

仅此而已。

最出乎意料的经历是在南方的一个城市，那天在酒店吃早餐的时候有段奇遇。我们这些夜猫子大多习惯点灯熬油，吃早饭一般可以视作不可能完成的任务。不知怎的，那天我很早就睁开了眼，很困但就是睡不着，于是索性起床洗漱吃早饭去！现在想来都特别不真实，真像冥冥中被人拽去的一样。

早上八九点钟的酒店餐厅显得很冷清，空空荡荡仿佛也没睡醒。当我迈进大门没几步的时候，突然发现在老远的位子上有人在向我双手合十不停致意。

扭头看看身后，没人。人家明显是冲我来的。

谁呀？一陌生人，老远就用陌生的方式打招呼，弄得我丈二和尚一时摸不着头脑。

而且以我2.0的视力水平看了个明白，人家才是和尚：一身褐色的袈裟，胸前一串黑色的佛珠。

我哪儿见过这阵势啊，不知所措地忘了是用哪只手挥了挥算是呼应了，心里不免嘀咕：这是为啥呀？哪一出啊？

闷头拿东西，闷头吃下去。

在我第二次起身去寻水果的时候，余光里那位和尚也一道起身向我走来。

“这位先生你好！我今天必须要和你打个招呼。”他说话了，特别沉稳。

我微笑以对，真不知道该怎么接。

“你从外面进来的时候我就注意到你了，感觉你气色很好，满脸散发着光芒，很有佛缘。”

还是不知道该怎么接。

和尚笑了，圆圆的脸，很慈祥。

端着盘子愣在那里也不是个事儿，我于是怀着几分好奇、几分神秘地跟随他坐了下来。

仔细端详，他和我年龄差不多，而且人家才是满脸放光，一点阴霾都没有。

他告诉我，他是在一座佛教名山修行的，来这里是给当地一个庙里的和尚讲课。嗯，能给人传道授业解惑的我都认为是大师。

大师提醒我平时一定不和两种人打交道，我听了后觉得有道理。具体哪两种人咱就不说了，天机不可泄露啊。随后他从包里拿出一串佛珠让我戴上，是在祠庙里开过光的。大师说一来保平安，二来知道我睡眠不好，叮嘱我晚上把它压在枕头底下。

之后起身告辞，轻轻地走了，挥一挥手，没带走一片云彩。

那天的情形跟梦一样，好久都回不过闷来，只有摸摸腕上的佛珠才知是真。曾磨磨唧唧给大师发短信道谢，人家回得倍儿干脆：阿弥陀佛！

扯远了，还是回过头来说书吧。

这两本书讲了很多生动的小故事，是以前我从未听过的，特别神奇。比如说《金毛大公鸡》，讲的是一哥们儿得了癌症还无名头疼，看了多少医生吃了多少药都不管用，于是老婆到五台山找大师解惑。

大师说，他杀业太重，以前经常杀鸡，对吧？

妇人很震惊，这点儿事大师也知道？

是啊是啊，他平时就爱杀鸡宰鱼的，村里办喜事都爱找他。

多年前你们还偷偷杀过一只金毛大公鸡，这鸡高大、漂亮。

听了大师这话，妇人一激灵扑通跪倒在地，实在佩服大师雪亮的眼睛。原来，在饥荒年间肚子总是吃不饱，忽一天邻居家的大公鸡越过墙头飞来，他们夫妇二人顿起杀机一刀结果了其性命，吃肉喝汤美得不行。

这鸡冤魂不散，整日站在你丈夫的头上抓他头皮、啄他脑门，你说他能不头疼吗？大师把因果关系讲得明明白白。

妇人这才恍然大悟，原来有恶因才有了恶果。

大家都认同“病从口入”，佛家对这话的理解是吃了不该吃的东西，做了不该做的事情，病自然而然就来了。杀生吃肉，不得好报。

妇人追悔莫及。鸡是杀了，总不能时光倒转把那金毛大公鸡好生伺候着送回邻居家吧？

大师让他们回去好好忏悔，绝不能再杀生，去寺院请一部《地藏经》多多诵经念佛。大公鸡得不到超度病就好不了，吃什么药也白搭。

两口子依照大师的教导，一心向善，吃斋念佛。书中暗表：没过多久，被医院判了死刑的那位病秧子竟活脱脱下了床，没事还在自家门口修起了自行车，天降大雨竟能上房补漏，令左邻右舍的各阶层都唏嘘不已。

读到这里，我也想问大师，我这没完没了的头疼病是怎么回事？俺也没杀过大公鸡呀。有天突然醒悟，难道跟我从小就爱吃兔头有关？俺家那边养兔业倍儿发达，满大街都是卖卤兔头的，那年代几分钱一个，特别便宜。我消灭它们的技术倍儿棒，保准每个都吃得干干净净，直到现在回老家都少不了这口儿。

莫非……？

赶快捻着大师送的佛珠，默诵阿弥陀佛。

把家庭放第一位吧

很早的时候看到过一句话：当你有一天离开单位的时候，单位很容易找个人来代替，并且很快就把你忘记；而当你有一天离开家庭的时候，家人无法找到谁来代替，并且永远无法把你忘记。

这话说得真好。

再看看家庭（family）的另外一种解释：

f-father a-and m-mother i-I l-love y-you

family — father and mother，I love you！

多温情的解构啊，所以啥也别说了，把家庭放在第一位吧。

可是生活中我们每个人都被各种乱七八糟的使命包裹着，像足了那头蒙了眼的驴不停地消耗自己的热能，在那盘沉重的石磨的束缚下用循环的脚步丈量着无望和艰辛。在巨大的压力下，很多人只能想着如何拉好磨不让自己跌倒，以躲过那些抽打过来的皮鞭，而对亲人和家庭却渐行渐远了。

尤其是在“北上广”打拼的人，一年能回两次家就是很奢侈的事儿。

多年前的一个清晨，在单位门口看见一个蹬着三轮车的大妈，银色的头发散乱在耳边，因为有风，所以她看起来很吃力。从体态和神情上看，特别像我远在山城的老妈，那一刻我下意识地停下来目送她很久。

进了办公室，眼泪竟然无声地落在我脸颊。

那段时间单位在忙一个大活动，周围的人都在夜以继日，脸绿得像老黄瓜——缺乏水分且一片苦涩。兄弟科组有人竟连续几天没合眼，一哥们儿上演了站着就睡着了的煽情一幕。

全单位为此大肆表扬，其实让他好好睡几天比什么都强。

有活雷锋做榜样，我也奋不顾身拿黑夜当白天，忘情地糟蹋着自己的身体。远在山城的家已经很久没回过了，电话里老妈永远都说“挺好的，你忙吧”。

其实，那个时候老爸的身体已经亮起了红灯，全家的担子都落在了老妈一个人身上。

那双已经看不见指纹、布满裂痕的手说明了一切。

对于老人来讲，总是尽量不让自己的事麻烦儿女们，因为孩子的工作和事业最重要。天底下的老人大概都这么想。

而我们，在平日里匆忙的脚步中很少停下来想想父母，抽出时间去看看他们。道理都懂，但好像我们的日子永远过得慌慌张张、乱七八糟，连静下心来想事儿的时间都没有。

回过头来看，你加的那些班、熬的那些夜，其实并没多大意义，即使取得了一些小成就，多年后再看简直不值一提，实实在在得到的是日渐衰老的身体和垃圾般随处堆积的精神负累。

老爸病重期间，我总是因为工作的羁绊没能陪他多久，即使在他离开这个世界的那一刻，我也因为工作在身而没能守在身边，很多人经历过的这种悲情和遗憾又一次在我身上重演。

在民间很看重的头七那天，我也是因为要出差而离开了那个充满伤痛的家，尽管不舍但依然迈出了那扇孤寂的门。我知道对于母亲来说，再贴心的安慰话也比不上无声的陪伴。

当坐上飞机降落到陌生的地方，我的神情还在恍惚。我知道此时在天国的父亲一定会说“别惦记我，你忙吧”，但我也知道自己的行为不可原谅。

现在想想，那一天的工作真的那么重要吗？你不去天会塌下来吗？你的确是不可替代的吗？你的同事因此而觉得你更加优秀了吗？你的单位因此而被感动了吗？

答案绝对是否定的。

而留下来多在妈妈身边说说话，多在父亲遗像前敬炷香，让家多一份温暖才是肯定的。

所以，尽管多数时候我们都身不由己，多数时候我们为生活所迫，但工作永远不是全部。把家庭放在第一位，把亲情放在第一位，它会让我们活得更有温度。

有一种比喻特别好——

我们每个人手里都玩着五个球：工作、健康、家庭、朋友和灵魂，其中只有一个小球是橡胶做的，掉下去会弹起来，那就是工作，另外四个小球都是玻璃做的，掉了就碎了……

第五章

用快乐修炼成闲云野鹤

有多少财富 / 并不等于就有多少快乐 / 所以好心情 /

是无法寄售到奢侈品店的 / 它只藏在心里 /

那个层层加密的角落 / 给你一把金钥匙 /

打开层叠的落寞 / 让放飞的快乐 /

追赶随意漂浮的闲云 /

和与世无争的野鹤

第五章

小 S 学外语

小 S 身高一米八四，帅哥一个。哪儿都好，就是不爱学习，尤其是外语。

上中学的时候就爱体育课，摸爬滚打一门儿灵，谁都比不过他。身高有优势，所以篮球打得漂亮，三步一上篮必是满堂彩。小姑娘们“嗷嗷”尖叫，大牌明星的骄傲顿时来袭，只要五分裤、双杠背心一穿，乔丹啥的立马不在了，那气场跟现在的“外星人”都教授似的。

那时还没有微博，要不然粉丝起码上千。每星期小 S 总能收到夹着玫瑰花瓣的情书，撕开来那叫一个飘飘然！

可轮到上外语课，惨了。没一个字能听进脑子，老师程序化的那句“Good morning students！”一说完，小 S 就倒头便睡了，在书桌上大义凛然的样子一直能持续到下课铃响。

老师也习惯了，与其对牛弹琴，不如视而不见，酣睡的不声不响的“牛”大抵跟不存在一样吧。有一回，几个调皮鬼全然不顾老师的朗朗书声嬉皮笑脸地交头接耳，老师怒了，并说出了全班同学这辈子听到的最经典的台词——“你们应该向小S同学好好学习，不想听就给我好好睡！别整那没用的”。

小S这会儿醒了。

也许是老师的这句名言太刺激了，他决定化悲痛为力量，把篮球场上的光芒照进英语书里。

经过几场攻打自己的战役，小S还是败下阵来。那本英语书永远都从第一页翻起，26个字母仿佛个个都是“睡神”派来的使者，一跃入眼帘便频施魔法，小S像中毒一样不一会儿就进入了飞行模式。英语书跟着他特别上档次，一学期下来跟新的一样，只是有一晚不幸沾了主人超量的哈喇子，第二天半本书都翻不开了。

再次下定决心学外语是在热恋之后了。有一回小S带着女友到国外旅游，在美利坚某机场忽然发现登机牌不见了。这可咋整？没牌儿可飞不回来呀，咱可不能沦为盲流在第五大道上端铁盆要饭吧？

不是一家人不进一家门，跟着小S浪迹天涯的姑娘同样也是个英语盲。眼看快要登机了，小S在女友捶胸挠背的催促下硬着头皮去了一个看着像问讯处的地方，一声“Hello”之后便再也张不开嘴。对面的那位“沙发土豆”哥们儿态度特好，双手端着肚皮，目光炯炯地盯着他的舌头。此刻，小S无从知晓“登机牌”这么简单的三个字该换成哪个英语单词，在脑海里再怎么搜索都没用，因为压根儿就没收藏过。无奈话到嘴边又咽下，他只好发挥表演技巧甩手比划——细长条儿的一张纸，拿它能飞！动作虽然不大，但白毛汗已经流下来了。

小S想抽自己的心都有。

“沙发土豆”慈祥地看着他，微笑着嘀嘀咕咕说了一通天书。小S崩溃了，这纯属瞎耽误工夫，连句“Thank you”都没顾上说，扭脸就飞奔回来。

俩人又一通地毯式搜索，最后终于在姑娘的屁股下面找到了那两张热乎乎的登机牌。

在飞往祖国的天空上，小 S 发毒誓从今往后一定要学好外语，自尊心不能再受伤害了。

落地后第一件事情就是在网上订了一套《新概念》，配套的 CD 啥的都买上了，不怕花钱，据说这个最管用。女友大抵知道他的学习历程，所以给他海选了一种最有效、最有针对性的学习方法：教科书学一页撕一页记得牢，这叫毁灭性记忆法。为啥呢？人都有依赖性，印在纸上的东西不大容易放在脑子里，但一旦意识到要失去这些知识，脑袋马上会强迫记忆一百年不会忘。

这种诀窍在微博里转的特别多、特别流行！——女友告诉他。

小 S 听了觉得有道理，他妈就是一个活生生的例子：家里的好东西一般不吃，一旦要扔掉她肯定全盘照收，根本不用劝。估计学知识跟吃东西道理相通吧。

于是，他开始了毁灭性的学习过程。

撕第一页书的时候小 S 还真有点心疼，后来也就习惯了，而且渐渐地还产生了一些快感。一个月后，女友收到了小 S 的各种作品：纸飞机、纸王八、千纸鹤……那上面的美国话也一并送了过来。检查一下都毁灭性地记住了吗？小 S 很淡定地告诉她：“估计书也有灵魂，我欺负他，他就来找我算账，有天晚上把我脑子里记住的单词都恶狠狠地撕毁了！”

不是所有的误解都难过

误解有时很欢乐。

一次在某地做节目，现场参与工作的人数比较多，可当地预备的餐食明显不够，大家饿得眼花缭乱但都拘谨着，下起筷子来小心翼翼。

制片小邹看在眼里急在心上，立刻给管事的姑娘打电话。在按发送键前，他稍稍犹豫了一下，觉得直接说饭不够显得有点太直白，又不给人留面子。于是，他清清嗓子，换了种婉转的说法："亲啊，工人们今天干了很多活儿，饭量都特别大。"

"哦，了解。"

姑娘没啥反应。

看对方没任何加餐的想法，小邹又像开玩笑似的："你不知道，有些人把饭吃光了，连盘子都嚼碎咽了。"

这时姑娘终于醒了，像摸了电门大叫起来："啊？怎么那么不小心啊！几个人？严重吗？快上医院吧！"

小邹同学立马无语。本想幽他一默，无奈人家当真了，他在心里偷着乐的时候深切体会到了姑娘的单纯和善良。

无独有偶。

早年间，刘纯燕还是真正“金龟子”的年龄时特别活泼可爱，屏幕上下完全本我。一次在单位电梯里，她用脆生生的声音给大家报数：“三楼到了，去三楼的同志请下梯；五楼到了，去五楼的同志请下梯……”同时，麻利地按着开关键。

原本为了好玩，排解一下挤电梯的苦闷和无聊。身边的同事们都报以微笑，因为金龟子性格就应该这样，没什么大惊小怪的。如果换成倪萍姐姐那估计得斟酌一下了，不知道是体验生活还是电梯里即将发生感人故事？

正待大家轻松愉悦地享受义务服务的时候，同梯的一位中年大叔受不了了，估计他是外单位来电视台办事的，也很少看少儿节目。他特同情地跟素颜的金龟子说：“姑娘，你这么站一天不累吗？中央电视台太差劲了，怎么连个椅子都不给你呢？”——他把刘纯燕当电梯工了！

电梯里瞬间爆笑，惊了大叔一身冷汗。旁边有人帮腔：“电视台是够抠门的，没椅子不说，连根捅按钮的小棍儿都不给！”

金龟子安慰心地善良的大叔：“没事，我不累，为人民服务！”

估计始终都没摸清门道的大叔回家立马得给电视台写信了。

我遇到的大叔也挺“奇葩”，比“电梯大叔”还悲天悯人。

有一天深夜，我加完班走出单位大门打到一辆出租车。

坐在车里，一身疲乏顿时袭来。我打了个夸张的哈欠，伸了个大懒腰，旋即瘫倒在座位上。司机师傅估计从后视镜里窥到了我的“草根”气质，特别贴心地问我：“每天都加夜班啊？”

“没准，差不多吧。”

“那可够辛苦的。”大叔听了我的回答，泛起了无限的同情心。接着，他又关切地问：“你做什么工作的？这么累。”

“做电视的。”我随口回应，语气里透出些无奈。

大叔沉默了一会儿，两分钟后真心叹了口气：“干你们这行的不容易。”见我艰难地点了头，他语重心长地说：“也难怪，现在的市场竞争多厉害啊。你们的电视机都不好卖了吧？”——他把我当成做电视机的了。

我的困乏顿时减轻不少，想乐但没敢乐出来，怕刺伤了暗夜里大叔闪光的善良之心。

第五章

“尴的尬”

自从电影《钢的琴》火了，一种新的组词方式也应运而生，说起来“啪啪”的特别脆、特别有韵律感。比如:“芭的蕾”“琵的琶”“忐的忑”“尴的尬”……一个没啥起色的词经过这么一弄显得很文艺，不过也有人提醒别随便瞎整，如果“二的胡”传开了那可不得了，原因你懂的。

嗯，到此为止吧。聊点“尴的尬”，不痛不痒的没事吧?

想起韩国人拍的一个MV，就是那个鼎鼎大名的《Nobody》。故事中的男歌手偏偏在演出前上厕所，痛快完了却遭遇晴天霹雳——没手纸！舍掉脸面狂喊，结果跟成心似的没一个人听见，因此误场成就了一群跳舞的小姑娘。

故事当然是编的，但编得特有生活基础，看来是人就遇见过这样的尴尬事，一点国界都没有。

由此立马想起早年间办公室的一位同事。这位爷那天心急火燎地出恭，万马奔腾并心满意足之后才幡然醒悟，摸遍身上所有的口袋都没搜出一片手纸。想找同事救援，但手机没带；想鼓足干劲扯开嗓子咆哮，但办公室离得太远无济于事；想向陌生人求助，但一时半会没人进来；想制造点声音欲引起走廊里的过路人注意，但不知道该说什么——“救命”似乎不妥，没到那份儿上；“谁有纸”似乎又太直白，丢不起那人……一时间那个关着门的厕位竟像孤岛一般死一样沉寂，臭并绝望着。可怜的哥们儿两腿发麻，但不得不坚持蹲着，因为没有手纸就注定不可能有其他作为。

其间他竟恶狠狠地看了眼身后的纸篓，当然最终没下定决心伸出罪恶之手。

就在他摇摇欲坠接近崩溃的时候，听到了脚步声并且坚定地走进了隔壁的厕位——“人民的救星毛委员”啊！

被手纸绑架了的哥们儿差点热泪盈眶，但抬起来的手还是放下了，刚来就打扰人家好像不是厚道人干的事，于是他耐心等待救命恩人从狂风暴雨辗转到风平浪静。在此期间他做了几次深呼吸，整理下心情再次举起手，故作镇定地敲了敲隔板，说出了这辈子最难说的一句话：“哥们儿，你有富余的手纸吗？我忘带了。”

还好，有各自密闭的空间，彼此看不到脸，否则真不知道此时的表情应该怎么设计。

隔壁那位也是实在人，听完这句唯唯诺诺的话没表现出意外和轻蔑，只淡定地回答：“我带的也不多，一会儿回去给你拿。”

哥们儿由衷地发出感慨“真是活雷锋啊”，能专门跑一趟给咱办事不容易！于是，他踏踏实实地决心把牢底蹲穿，再熬一会儿就能出去了。

可没想到的是，等待他的是无边的等待，那脚步声远离之后很久没有再来，以至于让蜷腿儿练功的哥们儿跳楼的心都有了。过程中，隔壁的隔壁来过人，但他真没勇气再张一次嘴。

终于，半小时之后“救星毛”跑进了卫生间，敲开哥们儿的门连连道歉：“回到办公室接了个电话，然后就把送纸这事儿给忘了，该死该死，才想起来！”

哥们儿彻底获救了，但两条腿基本捋不直了，差点丧失了行走功能。扶墙进门的那一刻特别悲壮，弄得我们都以为他被哪个情敌暴打了一顿。

此事件被他日后狠狠地刻在记忆里，成为这一生中遇到的最尴尬的事。

我一直觉得他的光辉事迹能上电视，因为早年间我曾经看过一个节目，其中有一个桥段就是主持人采访各位嘉宾，并说说自己遇到的尴尬事。那些有头有脸的人纷纷列举：到饭馆点完餐却发现没带钱包；情急之下叫不出同事的名字；签名的时候发现歌迷递过来的是自己最难看的一张照片……比较起来这些都没啥意思，一点想象空间都没有，不过最后一个发言的把我给震住了，她忧伤地说：“有一天我突然接到同学的电话，告诉我大学里我们最喜欢的一位老师去世了，那一刻我觉得是我遇到的最尴尬的事。”舞台上的人顿时石化，主持人都不知道该怎么接，尴尬得没法聊了。

小 K 的短板

周围的人群里，小 K 是个传奇。小伙儿有金城武的脸，有 Rain 的身材，有蔡康永的头脑，走哪儿都闪耀光辉，走哪儿都万众期待。但熟悉他的人都知道，他也有致命的缺陷：有这有那，偏偏没有房。

如果你要考察一夜情的成功率，小 K 是绝佳的试验品。一般情况下，只要他的身体里发出信号，只要他还有兴趣走出家门，那么接下来只需走流程了——

随便哪家酒吧，点一瓶啤酒在第一杯还没品完的时候就已经有姑娘或忸怩或大方地坐在了对面。K 先生话不多，只需眸子忽闪几下，这事儿就成了。待一瓶酒喝完，姑娘已经跟在了屁股后头，有些时候连酒钱姑娘都爽快地拉开包包付了。

接下来的事更简单，小 K 开着他的廉价韩国车，载着姑娘直奔附近的快捷酒店，三下五除二各取欢乐。说完“拜拜”彼此消失在夜色中，不用留什么姓名电话，累赘。回家睡个好觉，第二天跟一切没有发生一样。

第五章

小K说，别呼唤节操啥的，跟我“三观”相同的人多了去了。

有大姐苦口婆心相劝，还是踏踏实实找个过日子的人吧，别瞎折腾！其实小K也不是没这种想法，毕竟30多了爹妈也催，可是试了几个都无果。她们的审查过程基本相似：初见小K的面，赏心悦目，春心荡漾；可一坐进他那哪哪都响的车，一进他和父母同处一屋檐下的两居室，姑娘脸色就不好看了。

他明白，房子是他人生大业的短板。现在的姑娘谁愿意跟着你整天满世界流离失所呢？英俊脸蛋儿远没有南北通透来得实际。

于是，小K咬牙挣钱，流行什么来什么，哪儿有空子往哪儿钻。最后只有一条红线没敢逾越：伺候富婆。毕竟小K的“三观”还没有毁尽，而且想想富婆们肥嘟嘟的腰身，他都不能顺利地吃盒饭。有人劝他：“你看人家某帅哥，被外国富婆看中后继承了多少家产？其实老姐姐也不想干什么，只是躺床上看他光屁股在跑步机上做运动，养的是眼不是别的。”小K还是下不了决心：“我还是到外面去‘裸奔’吧。”

玩笑话是用来穷开心的，下三滥的事咱不能干。经过几年的当牛做马埋头苦干，小K“干燥”的积蓄渐渐“湿润”起来，竟也做过几个潮水汹涌鱼儿欢唱的预示财富的吉祥梦。在扔过了几次硬币并缜密思考之后，他放弃了换车的理想，毅然跨入了买房的快行线。

有人说，成功是始终如一的目标加上百折不挠的精神。有了闪光的珠峰，小K开始了艰难的攀登。在他的床头，几乎看不到枕头，各种房屋信息堆积如山，连十字路口散发的小广告他都绝不放手。在综合了手机信息、网页弹窗和这些软硬纸广告后，他信心满满地上路了。

按照自己的心理标准，第一站小K选择了宣传语为“天安门往东，往东！”的楼盘。之所以被它吸引，首先是因为这话听起来霸气，像是毛主席亲口对他说的。在经过天安门的时候，他恍惚觉得“毛爷爷”在那上面挥动着绿军帽给他指明方向：往东！再往东！！其次，人家给出的价格温和，没有咄咄逼人的架势，跟自己的银子贴合。

当然，小K绝没想到去看房的好心情像他在快捷酒店时身体内的潮水，来得快去得也快。因为打死他也没想到，在地图上离中南海也就一巴掌距离的闪光点，开了一个半小时还没接近目的地。随着大日头下衰败的空调里“突突”喷出的热气，小K的烦躁也逐渐升温，眼看就要开锅冒泡儿了。他打电话过去，银铃般的声音总告诉他：“快了，快了！”小K一下子领悟了广告语“往东，往东”的真正含义。

别说，人家还真诚实，打天安门前路过确实一个弯儿没拐，没完没了奔东走就到了。

小K下了车，手机显示的已经是河北的信号了。

银铃般的声音热情洋溢地现身了。面对小K那张臭脸，穿得像银行主管的她一点没生气，娓娓道来春风化雨：“现在的行情，在北京市内能买这么便宜的房子吗？远是远点，但价格公道，满北京找不到比咱家再低调的了。”顺便瞥了一眼小K那灰头土脸的车，她总结道：“有车，去哪儿都不远。”

小K想想也是，就咱那点库存还敢买中南海边上的大宅？有地方能解开衣领子欢迎你，还有啥不乐意的？

既来之则安之，“银铃”一边安慰一边牵他袖子，就差薅他脖子了。

其实样板间并不远，就在售楼处里面。在各户型、各风格转悠的过程中，小K特别没出息地问了在他脑海里萦绕了半天的问题：“这都是河北信号了，打电话还不得收长途漫游费？”“银铃”举重若轻：“这都是小意思，不认识的不接，认识的发微信，或者再买张河北的卡，两个信号自由切换，一点不费钱。”

小K明显有点心不在焉。最后他提出要看看小区的环境，这让“银铃”很为难：“现在都在施工，危险。”这回改小 K 薅“银铃”手腕子了：“不怕，看看踏实。”

走进叫“小区”的地方，小 K 惊呆了，脚下都是石头荒草，没一块平整地。“银铃”的高跟鞋艰难地选择着陷不进去的地方小心翼翼地腾挪，两条修长美腿也变得蹒跚起来——怪不得她不想去呢。那个叫“塔楼”的地方竟然是一个大坑，几只硕大的机械臂正往外挖土。“银铃”说的没错，人家的确是在施工。

气氛稍稍有点尴尬。

“银铃”清了清嗓子，振作精神给他介绍小区远景。

她指着一大土堆说：“这是咱超大型玻璃幕墙的标准游泳馆，五面透亮。您看着绿树小草，仰望蓝天白云，游起来倍儿像在三亚。您去趟海南得花多少钱？这在家门口都省了。”

随后她指着一片烂泥塘说：“这是咱的中心花园，带超高喷泉的那种。地面的大理石都是从巴拿马运来的；30 多种植物是芝加哥的树种培育出来的，因为那里的纬度跟北京差不多；游乐设施是参考了迪斯尼乐园而定制的，将来您跟儿子在这儿一起嬉戏倍儿有面子。”

一阵风吹来，迷了小 K 的眼睛。他沮丧地说：“咱撤吧。”

临上车前，“银铃”不舍地问他：“今天能交定金吗？”

小 K 耸耸肩膀：“等我换了河北的电信卡再说吧。”

“土豪”的土

这日子过的，原来朝霞满天、百舸争流，转眼间就变成雾霾蔽日、“土豪”遍地了。

有哥们儿说，现在大街上一块砖头落地能应声撂倒三个“土豪”。足见“土豪”队伍的壮大，一不留神你身边就能蹦出个财大气粗的人物来。

遥想90年代初，要参观个“土豪”可不容易。那会儿在街边拿个大哥大说话的一般都是假“土豪”，能遮住半个脑袋的塑料黑疙瘩只不过是泡妞的利器。真“土豪”手里得拿更大个儿的——什么玩意儿啊？密码箱！就是香港电影里倒卖毒品常用的那种道具。

有那么一次绝无仅有的机会，手提密码箱的一位女“土豪”请我们几个苦逼年轻人，目标锁定了当时最火的一家迪厅。待夜色弥漫之际，我们在众多惊悚的目光中随“密码箱”鱼贯而入，腰杆子瞬间硬了不少。“都喝啥呀？”女“土豪”开箱抽钱的动作那叫一个解气。

话说那家迪厅很有内涵，在正式开始前还有个暖场的灯光秀，让大家在玄幻的音乐和光束中沐浴一会儿。女“土豪”把密码箱放在了脚边，很投入地和我们站在场中欣赏着各种眼花缭乱。

随着音乐节奏的加快，停靠在屋顶一角的一个体量超大的假飞碟闪着金属的光泽缓缓而来，在众人的头顶掠过。同志们都扯开嗓子欢呼，那阵势好像刘德华要从飞碟里蹦出来一样。这个冷峻的大家伙很神秘地溜达了一会儿，在我们的正上方停下，场内所有的灯光都聚焦在它身上，音响里送出的是刹车和喷气儿的动静，跟演科幻片似的。按说戏码到这儿应该打住了，没想到停顿五秒后一声巨响，飞碟底部射出道道白光，一团不明烟雾随之而起。

这突如其来的效果让众人醍醐灌顶、醒脑排毒。就在小伙伴们纷纷“点赞”的同时，女“土豪”做出了惊人之举：只见她以“迅雷不及掩耳盗铃”之势提起密码箱飞一般钻出了人群。没搞明白的还以为她是事先安排好的演员，跟飞碟配合开场秀呢。

接下来的情节就没之前鲜活了，女“土豪”待众人开始狂欢的时候才归队，脸上显然有点小尴尬，主动交代刚才冲刺的理由：“吓死我了，我还以为这地界要爆炸呢！”那双手攥紧密码箱的宽大身影在一众摇头的人浪中显得楚楚可怜。

这迪厅也真是的，太超前，如何让“土豪”赶上你的节奏呢？你不知道那个年代的“土豪”真就这么土吗？

其实话说回来，现在也没好到哪去，只不过“土豪”们进化到土得掉金渣的境界了。如果你想立马参观一下，那就直奔 LV 旗舰店吧。那种地儿一般人不敢进，把门的那两个黑大汉瞄你一眼都能让你不寒而栗。而“土豪”们是平趟进去的，跟去自家菜园子没啥两样，那脑袋扬地再来点力度能折个后空翻。

咱要是进去那儿得鼓足勇气，必须找个伴儿壮胆儿，一个人怕水土不服。而且得跟黄花鱼似的溜边走，内心得报着参观博物馆的心态——谨小慎微，恐坏了咱不懂的规矩。有一次，正待瞻仰之际，“土豪”横空出世了。只见一戴大金链子的“肥头大耳”的并随身携俩妙龄女郎的老乡，左手一黑包，右手用最大的掌心空间握着几摞“毛主席”，山呼海啸扑面而来。

“哎呀妈呀！”——这是“土豪”的开场白。

“这旮旯人就是少。喜欢哪个可劲儿挑啊！”

“哎呀妈呀！太敞亮了！”——女老乡用同样的暗号回应。

“这包老霸道了！”

接下来，他们像踩地雷似的一惊一乍，看见什么都“嗷嗷”两嗓子，走到哪儿那几摞“毛主席”就被狠狠地砸到哪个货架子上。

不一会儿工夫，俩妙龄女郎都有了满怀抱的战利品。随后，亮点出现了，只见“土豪”挺胸抬头、气定神闲指着一款黑皮包说：“就这样式儿的，给我来五个！”

导购半天没反应过来。

“看啥呀？五个！没听明白？”“土豪”有点不乐意了。

“抱歉，我们这没有那么多现货。”导购很为难。

“干啥呀？欺负人呢？俺们不差钱儿！”“土豪”眼珠子差点瞪出来，“啪”的一下又把一摞银行卡摔在了货架上。

“您误会了，不是那意思。您确定要那么多的话，我们只能从别的店调过来。”

“确定！快点的！不就一破包吗？多大点事儿呀！回去送咱家领导们玩玩。”——好几万的东西让“土豪”说得跟玩具似的。

我暗暗观察了一下导购小姐的脸，尽管有销售额巨幅增长的喜悦，但笑容里明显浮现着鄙视。

没错，“土豪”们只知道自己很豪气，但一点没觉得其实很土。

前段时间惊闻一件事：某“土豪”为女儿相中一条件不错的幼儿园，无奈该园十分抢手、名额有限，尽管女儿适龄，可想交钱进都进不去，园长都不带拿正眼看人的。要是一般小老百姓只能就手打住另觅他途，可“土豪”偏偏咽不下这口气。您猜怎么着？人家一怒之下视重金为粪土，“咔嚓”——把幼儿园给买下来了，这回一跺脚甭说园长了，连整个园子都跟着一块儿颤，女儿想进就进、想出就出，跟谁都不用客气，那叫一个痛快！

小广告，大灾难

小广告别看小，巴掌大的作为，但其能席卷中华大地，还豪迈地走出了国门，连巴黎地铁站里都有了它的踪迹，“上门理发”那四个中国字刺伤了很多中国人的眼睛。

有人把它和烤红薯、城管一并列入街头最嚣张的中国特色。

特别怕媒体表扬那些和小广告死磕的老头儿、老太太，看着让人心里难受。老人们多不容易啊，每天拿着自制的小铲子，对付那些顽固的小纸片。刮着大风还挥汗如雨，要是我妈我可不让她去干这种无谓的劳动。不是吗？那些小广告贴一张多容易，铲下去得费多少工夫，而且你前脚刚弄完他后脚又糊上了，这不折腾老头儿、老太太吗？

光凭这点民间的土办法，在我看来简直就是在给牛皮癣搔痒，根本治不了病。我仿佛看见那些小广告的主人们在暗地里一脸坏笑幸灾乐祸的表情。是啊，这几把小铲子能挡得住那铺天盖地的扫荡？

曾经在北京的一个过街天桥上看到过令人发指的一幕：从栏杆到地

面、从桥里到桥外都贴满了花花绿绿的各色小广告，办证的、收药的、招聘的、倒票的，应有尽有。以前人们形容什么东西规模浩大都说“雪片般从天而降”，这话在此情景下明显失去了力量，我真的说不清走在这样一座桥上的那种内心感受。

如果乐观点，你可以把它称为一种特殊的行为艺术。

网上有个戏谑的段子，说有种最令人羡慕的工作：晚上贴小广告，一个月能挣一千多；白天再把它铲了，一个月能挣两千多。自娱自乐，还不用坐公交。

我在街上就迎面遇见过该类从业者。小伙儿中等身材，穿着修身黑西装，头发油光瓦亮，斜挎着一黑色电脑包，一边走一边从包里掏“作案材料”，见树就拍，见墙就贴，目不斜视，从容大方。打老远一看，搞IT的；近处一看，挨踢的。

当然，我没敢踢人家，只吼了一声：“还贴呢？！”

“挨踢男”心理素质超好，非常友善地冲我一笑，而且还有点要鞠躬的意思。难道是在日韩公司打拼的？

就在这恍惚间，人家无声地过去了，空气里还幽幽地飘着古龙水的味儿。

真高端啊！

看来不是随便什么人都能干这个的，估计小伙儿掏出名片来，印的是某文化传媒公司的执行总裁呢。

我遇见的这位手法还算简单，一同事则遭遇了极端状况：早晨上班前突然发现自己车牌子上糊了一张粉红色的纸——招聘男公关，月入好几万！

暧昧的宣传语让他神经紧张，这其中的信息量有点大啊！哥们儿赶紧伸手去撕，可彩纸是不干胶的，贴得结结实实，附着力超强，想拿下去没那么容易。单位的会不能迟到，他只能停止了抠抠挠挠的勾当，咬牙开出了小区。

这一路上他心情极其复杂，这么招摇过市莫不成了男公关的代言？早高峰让车提不起速，走走停停、磨磨唧唧的像成心让自己当众展览，哥们儿总感觉前后左右的车主们向他投来异样的眼神儿，弄得他大气都不敢出，直后悔玻璃上贴的防晒膜颜色太浅了——谁都能看清自己的脸。

还有一种担心在折磨着他：这算故意遮挡号牌吗？警察叔叔会罚款吗？

惶惶然到了单位，没出五分钟这个可怜的人儿就上了头条，大家都纷纷传颂着他的奇遇，跟他打招呼都换了问法："哟嗬，改上夜班了？"

那天他毅然决然断了午饭，把"流动宣传站"开到洗车行，恳求师傅们动用了各种工具才把那张倒霉的纸弄下去。回家后他跟小区的物业怒吼了一顿，但同样穿着黑西装的小伙儿一脸委屈："咱真不知道是谁干的，这么大的院子看不过来啊！"

还真没法跟物业急。曾经有人发明了"呼死你"，据说能让小广告主们自投罗网。但时至今日好像也没什么重大成果，反而让他们"贴死你"愈演愈烈。眼下我又发现一奇特的，有一种传授玩牌技巧的广告很威武——专找高处贴，各种塔楼身上都有了它们的踪迹，估计五个老头儿、老太太摞起来都够不着，小铲子们彻底失去了震慑力。

难道"挨踢男"们都配备了长梯子？抑或是先进的升降车？白天还是晚上操作呢？

我特别想知道。

第五章

想说爱你不容易

有人在院子里烧烤，结果招蜂引蝶般吸引了一帮乌合之众，他们聚在篱笆外面使劲吸着鼻子，不放过一丝飘散的气息。人群中还有几个外国友人，表情投入地一脸高潮状，仿佛这辈子没吃过肉似的。

贱吧？某肉联厂广告里就这么演的。

还有更贱的。不知从哪天起，很多人开始喜欢闻别人呼出的口气了，深呼吸的那种，特别变态。一小伙儿因为用了某种牙膏而变成传奇，吹灭蜡烛的一口气竟然陶醉了一干人马，他们闻了这仙气像吸了大麻一样立马魂不附体；一年轻女护士更痴迷，一患者嚼了口香糖来查体，她竟然一遍遍地要求其张嘴，目的没别的也是为闻味儿，夸张到都要下班收工了还十二分恶心地说："再来一次！"

估计扮演护士的那位姑娘在拍广告的时候得狂吐不止。

尽管是三十秒的事，但时不时出来恶心人就有点不厚道了。想让我们说爱你，真的很难。

特别怀念儿时听到的广告：实行三包、代办托运……简单明了直来直去，虽然没什么创意，但也绝不恶心。

现在的广告非得来个创意，而且很明显有些人被创意给累着了，估计绞尽脑汁也想不出一鸣惊人的主意来，于是集体撞墙才看见漫天飘飞的火花。

看过一平面广告，那里面的人们在为脸上的青春痘发愁，结果一干男女一头扎进地球里集体撅着腚示人，其丑态不可言传。

不知道为什么，广告片喜欢把男人弄成贱骨头。为了条破毛巾，女人像皇后一样歇斯底里，一条条地往一倒霉男人脸上摔，直到他拿来某个牌子的毛巾后才赢得了芳心，结尾处那哥们儿谄媚的笑脸能让你整个人都感觉不好。

电台里卖药的心虚怕人烦，于是每天变换着角色叫卖：今儿是老总和下属，明儿是两个中年妇女，后天变成夫妻之间……真替他们累得慌，而且他们一张嘴都无比困惑：现在送礼该送什么好呀？简直是睁眼说瞎话，卖药跟送礼有什么关系？八月十五你提着一箱药当礼物送，还不得让人家痛打成肉馅月饼？

崇洋媚外是浸在很多人骨子里的毒药，本来是纯正的中国货，但他非得找个外国人在电视上说话，还省钱省事的找个少数民族兄弟来冒充一下，好像沾了外国人边的那东西就镀过金似的。而且拿耳朵一听明显就是中国人在配音，那一口故意弄歪了的汉语怎么听怎么别扭，鸡皮疙瘩满地撒。

有些“土豪”的作风简单粗暴，原则就是谁火让谁来，不需要什么技术含量，砸钱呗。你说让都教授端瓶水还勉强说得过去，可让罗纳尔多一踢球的捏一盒润喉糖就有点匪夷所思了吧？

莫非“罗同志”有家族遗传史，是严重的烟酒嗓？

咱小老百姓的智商真有点跟不上。

再看这个：一外国女出嫁，坐豪车里看起来像是贵族，骑士护卫着弄得排场挺大。路过一条陋巷，一贫民老汉艰难行走着，坐下来刚要喝瓶水，忽然待嫁女莫名其妙地让车队停了下来，拖着婚纱直奔老汉而来，不由分说抄起那瓶水就据为己有。之后，那心仪的表情像当了皇后。

不知我的笔力够不够，反正几组蒙太奇的镜头大致给我们讲了这么个故事，看过 N 遍我愚笨的脑袋都没想明白它到底要告诉我们什么：是说这水原本高贵被埋没在了人间？还是原本卑微被贵族锻造成了精品？

看着俩老外模棱两可的表情，估计演的时候压根也没弄明白中心思想是什么。有网友更逗，说老头好容易坐那歇会儿，刚要喝口水，结果抢水的就来了；还有的说怎么贵族也收矿泉水瓶子？就是收也得让人家喝完再抢呀，说好的职业道德呢？……

说实在的，咱都没那么聪明，你一创意俺们就着急，还是演点能看懂的吧，心里清楚才好买你家东西。

朝鲜，朝鲜！

周围很多人纷纷表示，在下一个旅游五年计划内，不是去迪拜，不是去北极，而是一定要去神秘的朝鲜看看！

没错，什么东西都一样，越不让看的人们就越想看。

好多网站图片的点击量，除了穿衣服少的雄踞巅峰，谁要是发点现时现令在朝鲜拍的照片绝对勾引“手贱”的主儿。据说那些看起来很平常的场景都是冒着危险偷拍的，一旦被人发现起码相机是保不住了。就连“神曲”《小苹果》的 MV，传播范围最广的当属奥巴马和伟大领袖那版了，扭动着无限欢乐。

身边有从朝鲜回来的，说起所见、所闻、所感、所思滔滔不绝，恨不得连上厕所的细节都当段子讲，周围的听众也配合着一副饥渴样儿，如同当年一哥们儿占公家便宜蹭了趟到美国的差，一周之后回到又脏又乱的北京时感慨万千一样。那之后的一个月，我们被绑架在他的美国话语中，无论干什么事儿，他的开场白都是“要是在人家美国……”，弄得我们有天大半夜的商量给他把嘴缝上得了！

相比之下，我还是喜欢听朝鲜的神奇。

八卦一下。某文艺团体访朝，晚上没什么娱乐活动，哥儿几个在宾馆斗地主。前提是绝对没一个朝鲜兄弟安插其中，所以他们很随意地议论住宿条件太差：淋浴头很脏，毛巾很破，在国内也就是个县招待所的标准。牢骚发发也就过去了，哥几个继续打着扑克。

第二天演出回来，奇迹发生了：他们住的房间里淋浴头被擦得锃光瓦亮，毛巾一律都换成了新的！看得所有人目瞪口呆，从此除了“今天天气真不错”之外，没人敢说一句多余的闲话了。

团里有一位独唱演员，小眼睛，方脸盘，看起来颇似当地人。有一天这哥们儿闲来无事，在翻译的带领下溜达到了著名的金日成广场。翻译已经来过八十次了，遂找个阴凉地儿休息，剩他一个人闲逛。估计是他走路的颓废姿态太有“杀伤力”了，闪到了一位平壤老头儿的眼，只见老人怒目圆睁地朝他大喊：“同志们都在辛勤工作为建设强国做贡献，为什么你却在大好时光里游手好闲满不在乎？”

可怜的歌唱家一句话也听不懂没法接茬，他只会说“前轱辘不转后轱辘转”。

革命老头儿见他张口结舌越发气愤，又说了一堆“轱辘轱辘转”，其磅礴的语气还引来另外几个路人。他们群情激昂：“伟大领袖是怎样教育你的？你是哪单位的？”

好在翻译离他不远，一听这边在吵吵赶紧上去解围。

当得知对面的小眼睛是来自北京的艺术家时，老头儿们仍然在狐疑地从头到脚地打量着他。

方脸男给吓出了一身白毛汗，此后他再也不敢闲庭信步了。

在朝鲜，最鲜明的是人们发自内心的自豪感和对领袖的崇敬之情。艺术团集体到某处参观，陪同的朝鲜同志神情肃穆，只是在乘用电动扶梯的时候很自豪地介绍："这是全世界最先进的电梯，你们那里一定没有吧？"

同志们很懂事，尽管那玩意儿在咱这随处可见，但都一致诚恳地点头呼应，绝不破坏人家的豪迈心情。在行进到扶梯尽头的时候，大家看到那上面赫然贴着标牌："Made in Shanghai"。

临回国上火车的时候，有很多朝方的同志来送行。其中一位天天陪伴的官员，突然甩掉了自己的贴身翻译，用纯正流利的中国话侃侃而谈、依依不舍。以前连个"你好"都没说过的忽然之乎者也起来，让对面的听众瞬间"石化"，以至于火车都开动了好多人的后背还直冒冷汗，同志们都在检讨和他相处的那些天没说过什么过分的话吧？

此为故事，有待后来人进一步考证，就当一乐子听吧。

其实我也特别想去朝鲜，不为别的，只为看看传说中的《阿里郎》。这场超大型的文艺表演在据称是全球最大的体育场里演出，光演员就有十万人，其中让人叹为观止的背景牌就有两万人参与。那么多人整齐划一"唰唰"的没一个错的，尤其是在讴歌伟大领袖的环节那真是万手一心，节奏统一得跟电脑控制出来的一样。国内有很多人曾经尝试过这种玩背景牌的方法，但没有谁能达到《阿里郎》的水准，真不知人家是怎么训练出来的。

第六章 夕阳是用快乐烘烤的一道晚餐

夕阳不舍落下 / 便用尽所有的力气 / 燃烧 /

把积蓄了一整天的快乐 / 融成烈焰 / 烹出晚霞这道大餐 /

有从容和淡定当作料 / 香透了 / 半边天

第六章

迷迷糊糊的中年

“池塘边的榕树上知了在声声叫着夏天，空调边的餐桌上只有麻将还能分清条、饼、万，身子总没电，脑子缺根弦，迷迷糊糊的中年。”

老驴经常这样唱。

人到中年，最难以磨灭的典型形象就是潘虹。30 多年前那个啃着干烧饼默默流泪的镜头印在了一代人的心里，上有老下有小，谁都不能落下，苦啊！

不过老驴这点还能忍，毕竟家境小康，各种杂事交给保姆省了不少心。他唯一不能忍的是自己刚过五十就开始糊涂，而且是眼睁睁的明目张胆的糊涂。就拿健身这件事来说吧，游泳是老驴的最爱，每周至少游两次。可最近，游泳证就丢了仨，刚补办完转身就没了踪影，那个白色的小本本仿佛成心跟他玩捉迷藏，还没捂热就跑了，逼得老驴每次都得认输。

好几个晚上，他孤独地喝着闷酒，转着福尔摩斯的脑子，捋着各种蛛丝马迹，可就是想不起来它们都被自己塞哪儿了。

“前兆，前兆！”老驴的口头禅最近变成了这样。老婆问他什么前兆啊？

“阿尔兹海默的前兆呗！”

“呦，都整上洋妞了？”

“屁！老年痴呆！！”老驴狠狠地回答。

有一次，他恨不得要抽自己嘴巴子。那天早上他去倒垃圾，顺手收了晾在衣架上的裤子。走到垃圾桶，一点不带犹豫地把一袋子垃圾和刚洗干净的裤子一块儿扔掉了，特别洒脱。按说一手拿一个互不干扰啊，可撩起垃圾桶盖子的那一刻，老驴把俩手配合得特别好，共同完成了操作，关键这事完全是在自己眼皮子底下进行的，他一点儿没觉出哪儿不对来。

等哼着小曲儿溜溜达达回到家，据说还斯斯文文地喝了杯茶，该换衣服上班的时候才意识到裤子没了。

老驴飞奔下楼，目标直指垃圾桶，就像小区里随时埋伏的捡垃圾的老头儿、老太太一样目露凶光。掀开盖子，还好，亏着这会儿工夫还没人来光顾，那条可怜巴巴的裤子就卧在自家的垃圾袋上一脸的委屈。

老驴麻利儿地把它救了出来，抖抖还是条好裤子。在他心情平复后，脑子里还是闪回了一些镜头：在整个打捞行动中，有不下五个路人朝他投来惊异的目光，仿佛参观外星人似的，估计都在琢磨这个一心扑在垃圾桶上的老干部今儿八成是来走群众路线的。

那表情够他琢磨三天半的。

他想解释来着，可不知从何说起。大太阳底下的那种尴尬，让他又增加了一次喝闷酒的机会。

“前兆，前兆！”

老婆对此倒不以为然：“老了嘛，必然的。”

不过第二天早晨，她可不这么想了。

第六章

事情的经过是这样的：一大早起来，老驴就着急忙慌地告诉她："楼道里贴出告示了，九点钟要停水，全楼检修！"

水，对女人来说至关重要，每天要洗洗涮涮的东西太多了。停水，意味着会有无数麻烦。

老婆毅然把晨练的时间缩短了半个小时，胳膊腿儿还没完全抻开就两脚生风地回了家。赶快烧水把暖瓶灌满；早点先不吃了，冲进卫生间洗澡。平时的洗浴程序被她自动减少了三分之二，摸摸头发好像还有洗发水的残余，但顾不了那么多了，时间要紧！想想地板还没擦，桌椅板凳还没抹，她翻出了多年没用的大水桶接满它！中午要淘米烧菜也得用水啊，所以随后她把厨房里的盆盆罐罐也都盛满了水，那速度、那节奏绝对跟打仗似的。

这一切都赶在了九点之前。老婆很有点成就感，无不欣慰地吃起了油条、看起了电视。

没过一会儿，突然电视灭了，一点招呼没打，正播新闻的那兄弟翻了个白眼瞬间消失了。再按电灯开关，没反应。坏了，老驴和贤内助同时惊呼，电表没字儿了吧？

老驴一马当先，抄起手电筒直奔楼道里的电表箱。在昏暗的光柱下，老驴前后左右聚了几次焦，影影绰绰地看见表里还有字儿，而且还不止一位数。

奇了，莫非停电了？

老驴气势汹汹地给物业打电话："你们又停水又停电的，还让不让人活了？"

物业闺女也没客气："谁停水了？谁停你找谁去。"

老驴更怒了："你无理取闹是不是？楼道里停水的告示不是你们贴的吗？"

闺女这回乐了："大爷，我们说的是停电，没说停水。您老再好好看看。"

那边挂了电话，老驴还握着听筒发呆，半晌没回到现实世界中来。耳边传来他老婆替他说的那四个字："前兆！前兆！！"语气比他激烈好几倍，听起来应该算怒吼的程度了。

第六章

老驴的抠门生活

老驴是只“铁公鸡”，众人皆知。甚至有人说用铁公鸡来形容力度都不够，怎么着也得是不锈钢的秃毛大公鸡。

同事抑或朋友间，一堆儿人轮流请吃饭挨个坐庄再正常不过，不为吃就图个乐儿。但在其他团伙颠扑不破的真理，在我们这永远能卡壳，因为有老驴。一百年才轮到老驴一回的时候，他表现得慷慨激昂，恨不得满楼道张罗，生怕别人不知道他要请客。但往往要出发的关键时刻，他家不是水管子漏了就是电表没电了，他接电话的手瞬间像得了帕金森似的抖得特别有范儿，接下来便是脸红脖子粗、唾沫星子乱窜，气氛营造得像世界末日，不让他赶紧离开显得你都不人道。当然，老驴两脚生风拔腿而出之际不忘语重心长地嘱咐：“这回一定我请，你们先吃我随后就到！”

如果你要天真地等老驴去结账，那得把你屁股坐成化石，估计饭馆小老板得直接报警。

当然，老驴也有请朋友吃饭的时候，谁不得遇到点事儿啊！这种情况下老驴手笔很大，菜单上哪个贵点哪个，一点不带眨眼的，让请来的嘉宾们顿生指点江山的豪气。菜过五味意兴阑珊的时候，老驴又扭身恰当地掏出手机，找个有机会求他办事的倒霉蛋一顿寒暄，之后仿佛不经意地撩拨："咱们吃个饭啊？"对方哪知这葫芦里卖的是钓鱼妙药，打听好地界傻呵呵的就来了。

你得佩服老驴掐算时间的本事，等这位爷贸然闯入，在座的已经开始剔牙了。老驴装作偶然相遇的样子热情迎接，用听起来都起鸡皮疙瘩的语言介绍在座各位的丰功伟绩，由于头次相识并不断注解："都是朋友，都是朋友！"被钓来的这条"痴呆鱼"一时还没摸清头脑，突然赶上这么大的阵仗不知是喜是忧。等大家喝完一壶新采的龙井，起身离去的时候他才暗暗意识到什么。老驴顺理成章地去送客，扭脸嘱咐"窦娥鱼"："你慢慢吃，不急，我马上回来。"

结局不用我说你都想到了，老驴的温度只留在了椅子上，而且扩散的速度极快，让那位孤独的哥们儿后背直发凉。约摸一刻钟后，老驴的电话来了："我去陪他们唱会儿歌，你吃完来吗？"

谁还敢去啊！这一桌子残羹冷炙就够上一课的了，替老驴刷完卡回家哭吧。

很有那么几个人一看到老驴的电话都直起生理反应，尤其是饭点前后一般都不敢接，打死都不再去赴那冤大头宴会了。

一般人占这么大便宜之后估计得羞愧难当，但抠门老驴依然我行我素倍儿淡定，下次再见面就跟之前什么都没发生似的。在他看来，钱可比面子、人品都重要。当然，老驴也有出血的时候，如果你能和他秘聊买彩票中大奖的私家秘籍，那么有可能受到老驴的盛情款待，品尝一下他从办公桌最底下一个抽屉的深处拈出的一小撮几年前的信阳毛尖。你别不以为然，这种景象和狮子座流星雨一样不会轻易出现的。

第六章

说起中奖，是老驴最感兴趣的事儿。按说一把年纪的人谁还会对拧瓶盖那么热衷呢，偏偏老驴就是。每次打开饮料瓶盖他一般都不轻易看，而是像摸麻将牌一样屏气凝神地酝酿一阵子，特别有仪式感，待口中念念有词之后再忽然翻转手腕，眼睛如饿虎扑食般瞄准硬币大的塑料玩意儿。我反正没看到过他成功得手“再来一瓶”，因为他就没几次舍得自己掏钱买饮料。

有一次，老驴终于撞了大运，在办公室面对大白墙念念有词，轮番感谢上帝、感谢老天爷、感谢生他养他的老娘，语句之诚恳让人落泪，情绪还一度失控。我等一时摸不着头脑，以为老驴官升要职了呢。等他平复了心情，细说原委我们才清楚他收到了一封中奖信件，被告知他的邮箱抽中了特等奖，白得一台笔记本电脑和十万块钱。

除了老驴，所有人都嗤之以鼻，这明显是玩剩下的骗局，谁信呀？可老驴觉得我们是“羡慕嫉妒恨”。“人家雅虎邮箱没那么低端吧？外国人还没学会中国的骗术呢。”——他在说服我们，也是进一步说服自己。紧接着，他第一时间给家里的“财政大臣”打电话通报喜讯，他老婆在电话里“嗷”一嗓子被这个天上掉下来的巨大馅饼击垮了，以至于从听筒里传来的喘息声都被我们听到了。“我要去北欧游！我要去韩国洗心革面！”——你得佩服咱老祖宗的聪明话，不是一家人不进一家门，敢情俩财迷遇一块儿了。

老驴不顾我们的多方劝阻热情洋溢地发了确认函。很快，对方发来带红字儿的恭喜信并要求他发卡号，按计划一步步将其拉入陷阱。

尽管我们喝不上他的陈年毛尖，尽管我们没吃过他的饕餮大宴，但毕竟他是我们身边活生生的人，不能眼看着他愣往火坑里跳。我们苦口婆心地给他宣讲各种冤大头案例，阻止他把工资卡白白贡献出去。

在大是大非面前，老驴还是有革命头脑的。他把我们的中心思想言简意赅地跟“财政大臣”阐述一番，双方达成了一致意见：对于看不见的对手宜行缓兵之计。当然，老驴并未就此罢休，万一老家肉饼就那么掉下来呢？不能眼睁睁看它落地上吧？于是，他又拿起电话补充说明：“赶快找找咱家有没有那种账户上一分钱都没有的卡。”

半小时后，“女特工”线上呼叫告之搜到一件符合条件的“作案工具”。老驴给予了充分肯定和赞扬，俩人互致了问候及鼓励，心灵进一步融合起来。

“这下有了万全之策。就是上当了也不损失什么，又不是透支卡。”老驴得意地教育我们。还别说，一般人真想不出这招来。

填好了回复信件，老驴美滋滋地喝了一杯过期茶，细心人发现这次他给自己多掂了几根。

就这样，老驴和骗子的博弈最终以骗子失败而告终。当然，铁公鸡虽然没掉一根毛，但也没得什么好处，干等了几个月也没看见电脑和巨款的影儿，白费了每天看五次邮箱的辛苦。我们也没断了让老驴请吃饭，不过人家换了玩法：“吃饭太没档次了，我请你们看电影吧。”大家积极响应，文化大餐也不错。可 N 个周末过去之后，他语重心长地告诉我们：“最近都是烂片，去电影院睡觉小心着凉，等有大片咱们再行动吧。”

其实大伙儿都是瞎起哄，心里明白这辈子你要能看上老驴请的大片，那这个世界早成“阿凡达”了。

第六章

黑泡泡女皇

有人说现在是 90 后的天下，他们在键盘上挥斥方遒，敢上九天揽月，敢下五洋捉鳖。足不出户就能想干啥干啥，各种奇形怪状的衣服，各种你能想得到的玩意儿，手指头一点，快递就来了。连吃的饭他们都在网上订，倍儿潇洒。

山子他妈可不这么认为，谁说时尚就专属年轻人啊？当年我们穿着布拉吉在中南海跳舞的时候，你们还不知道打哪儿转筋呢。

这话说得没错。尽管老太太是一个革命老干部，可从没“极左思潮”，一直走在时尚前沿，几十年前打心眼里就唾弃打补丁的衣服。有位领导经常在大会上伸出胳膊让同志们参观袖口上的补丁，现身说法进行勤俭节约教育。山子妈对此嗤之以鼻——有好衣服不穿，干吗要装叫花子？她不仅三天两头换着自己设计的衣服怎么大胆怎么来，还定期抽出炉膛里的火筷子烫头发，那有点焦黄的大波浪能搅得革命男干部心旌荡漾，要知道那个时候谁要是多抹一指头雪花膏都有被批成“资产阶级臭小姐”的危险。

街口的刘裁缝见证着山子妈的时尚历程，因为每次她设计的时髦样式都是通过他的手呈现出来的。生活中没有那么多的浪漫桥段，如果都像小说里的设计，刘裁缝早就把这个爱美的女人娶回家了。

现如今缘分还没断，刘裁缝扔掉了陈旧的剪刀、皮尺，每天活跃在山子妈组建的社区第一个老年街舞队里。

老年和街舞应该是两个相互排斥、相距十万八千里的词，但山子妈愣是把它们捏合到一块儿，在我们那个各阶层混居的群落着实起到了惊世骇俗的效果。“黑泡泡女皇”的美称就是这么来的。因为有一次她给十几个老头儿、老太太上课：“街舞最有代表性的类型就是 Hip-Hop，我们这个团首先要把 Hip-Hop 弄明白了。”她对面平均年龄 62 岁的队员们没一个精通外语的，赶上耳朵都不大灵光，自然而然地把那个外国词听成了“黑泡泡”。还别说，这仨字儿生动好记。有好奇者咨询：“大妈，你们跳的是什么呀？”大伙儿异口同声地回答：“黑泡泡！”山子妈也迅即被圈里圈外的人尊为“黑泡泡女皇”了。

“女皇”从来都走在时髦的顶尖团队里，善于把不可能的事变为现实。前两年她的口头禅是“咱必须给力”，现在变成了“咱有正能量”。

正能量是从每天早上五点开始的。太阳还躲在山后面被窝里的时候，“黑泡泡女皇”就准点起床了，她的那些满朝文武大臣们都不用上闹钟就能步调一致地在小树林里集合。第一个程序是“女皇”带领大家一起洗脑：“我是最美的，比王光美还美；我是最帅的，比马大帅还帅！”每当他们用质感沧桑但活力十足的声音一起喊这句伟大格言的时候，都能把周围遛弯儿的哈士奇给吓跑了。

喊完口号，出发！

非同凡响的街舞队迈着统一的步伐，搭着公交车直奔两站地以外的河边大广场。也许你会弄不明白，就在小区集训呗，干吗舍近求远呢？这你就没战略眼光了。人家“女皇”的用意很明显，小团体活动第一不能扰民，第二要追求最大效果，在自家的一亩三分地里活动有什么意思？大广场有各种南来北往的看客，免费观摩的掌声那是相当热烈。所以，艺术交流一定得走出去。

要说咱们社会主义祖国就是无比优越，老年人坐公交都免费。十几个活蹦乱跳的爷爷奶奶登上大巴“啪”的一亮老年证，每人都有VIP座儿，头班车没人跟你抢。眼里看着日新月异的城市风景，大伙儿发自内心地祝愿祖国更加繁荣昌盛，千万别把这免费坐车的政策给改了。

还别说，这公交车能照常开动也得有点子功力，因为这群特立独行的人气场倍儿强大，外形都经过了统一包装。老爷爷们按杰克逊的标准置办行头：一身黑西装外加黑皮鞋、白袜子，原本要佩戴黑礼帽的，但那玩意儿很难买着，经“泡泡女皇”同意就免了。老奶奶们面貌的出笼费了些周折，女人想法就是多，有人说整体包装的样板儿是孙悦，有人说是毛阿敏，还有人说是李谷一，但山子妈都给否了：“拜托，能国际化点吗？”

为此，她特意咨询了山子，告知目前这方面最火的明星有麦当娜、Ladygaga。麦当娜好像名声不太好，就选什么“嘎嘎”吧。山子警告说：“她可是经常脑袋上顶着‘海鲜’啊！”咱哪儿舍得糟践海鲜啊，还是吃到肚子里舒坦。“女皇”觉得还是低调点为好，遂把国际化的路子给断了，最终结束海选确定了一身水红色的紧身服。当然，也不能显得太平庸，为了点睛她给每人额外统一购置了一条白色的发带，老远看上去都跟网球场上的李娜那样咄咄逼人。

你不得不承认团队的力量，这黑红相间的一队人马往河边广场上一站，你不看都不行。便携式音响一按，立马火力全开！一分钟能摇一百多下的脑袋们，你绝对看不出哪个暗藏高血压；左摆右荡的屁股们，你一定看不出哪个包裹高血脂；能把小飞虫杀死的灼热目光里，打死你也看不出哪个显示高血糖。最绝的是刘裁缝，“黑泡泡女皇”专门给他设计了一段众星捧月式的独舞：只见精瘦的老爷子在乐段的高潮处一个跟头出去就不起来了，还能倒立着转圈，同时两条干腿“啪啪”地互踢！精明人曾经给掐过表，此华彩段落能持续五十四秒！

每到此时，广场上认识不认识的都鼓掌叫好，有人还不失时机地掏出手机赶紧拍照，忙不迭地分享至微博、微信。刘裁缝小脸通红，双腿落地后还有个直指云霄的 pose，之后便是与“黑泡泡”们弹冠相庆。

这已经成为每天早上的固定表演项目，不花钱免费看。还别说，自从练上“黑泡泡”，舞蹈家们身体倍儿棒、吃嘛嘛香，效果比“盖中盖”强多了。“女皇”的知名度大有盖过杨丽萍的趋势，每次到菜市场山子妈的人气超旺，卖茄子、土豆的老板都把秤给得高高的。

第六章

超市游击队

住超市门口就是好。

大花狗他妈特别欣慰，儿子给买的新房离超市只有一步之遥。

方便不说，还有特别的实惠。

每到傍晚的时候，花狗妈就开启了奔放模式。一般来说先弄点清粥小菜打点一下虚空的胃，然后抄起绸扇投奔广场舞军团。

小区里的空地儿早被利欲熏心的开发商在设计图纸的时候就给抹了，能伸胳膊展腿儿的地儿都不大。所以，跳舞须趁早，要不场地就被轮滑少年和羽毛球高手给霸占了。

军团大概有二十多人，花狗妈不是头儿，但会摆弄音响，所以格外受人尊重。最近她从花狗那探听到最流行的《小苹果》，那节奏类型一见如故，不由分说地让花狗给刻了张碟十几遍单曲循环。

于是，很多刚从地铁里下班出来的年轻人路过这里也不由自主地待一会儿，尤其到了那句“火火火火”的时候会发出由衷的微笑，有的还禁不住赞叹："老太太们还挺时髦！"

每到这会儿，花狗妈她们都倍儿自豪，扭动腰肢的同时还能齐唱："你是我的小呀小苹果儿，怎么爱你都不嫌多……"

一苹果，还儿化音，还暧昧，还老太太唱，那效果出神入化。

每天开了花儿的夕阳就是被花狗妈们给跳谢的。到八点半的时候，集体收工打道回府，而后奔马路对面的超市汇合。

现在的超市特别人性，很多摊点都先尝后买，于是也特别吃亏。全身通泰的老太太们肚子这会儿才真正饿了，每个摊儿她们都得视察一下，彼此还鼓励"尝尝，尝尝"，而后很少有买的。

一大圈儿下来，火腿肠、酸奶、点心、水果……该吃的都吃了，肚子倍儿美。

照看生意的服务员都明白，骁勇善战的"超市游击队"准点又来了。

有的老太太口渴了便到饮料区转悠，选一瓶最中意的放手推车里，然后从容地转悠到很远的服装区，再迅速扭开大口吞咽，手还得在各个服装架子上划拉，看起来像是在挑选衣服。

当然了，水是不能都喝光的，得掌握在少半瓶的样子。之后再逡巡到饮料区，趁服务员不在的工夫把它塞进货架深处。

我估计这部分损失，超市都打在合理消耗那栏了。

花狗妈们之所以挑选晚上的时候来"扫荡"，一来填饱肚子，二来有特价区，快过期的食品或不新鲜的蔬菜都撮堆儿打折。

经常有报道说，某地发放免费花生油，结果有老人被挤倒踩伤。没办法，精打细算顺便再占点小便宜，这是绝大多数老年人一"爱好"，甭管家境富不富、儿子挣不挣钱，跟这都没关系。

大花狗都开"路虎"了，他老妈也绝不会花天酒地，再活一次也不会。

所以，“超市游击队”的诞生一点不稀奇。

队里还有很多秘籍，比如说这会儿的绿叶菜不能买，因为超市放到特价区的此类菜品都已经蔫头耷脑了，而且没有早市卖得便宜；豆腐快过期了也不能买，因为拿回家第二天往往就有点酸了，扔了不划算；点心放心大胆买，再搁十天半月的口味也不会大变……

在这些普遍通用的经验外，不同的“游击队员”有不同的扫货手段。

小秋妈对于袜子、内裤等有包装盒的情有独钟。一般盒子里是三件套装，她的技巧是先把封口拆开，把里面的东西使劲压缩腾出一定空间，然后再把另外一个拆封盒子里的两件同类顺走并闪电般填补进来。这样，手里的改装品就是实惠五件套了。收银台的姑娘根本就不会注意里面到底有多少，扫完码便一拍两散了。

相比而言，建国妈的手段更高端一些，她对于现包装的东西得心应手。比如去挑选三个橙子，大大方方地让服务员称重贴码，拿好后去转悠点别的。估摸着十分钟后，再来同样的摊位选八个橙子，再大大方方地称重贴码。关键是下一步，她得找个僻静点的地方把两个塑料袋上的条码扯下来一调换，那八个橙子的价格立马折扣成了三个的钱，跟谁都不用客气，方便快捷。同样，收银姑娘是不会在意的，扫码是主要职责，忙一天了巴不得你赶紧交钱走人。

对于此类越界的做法，花狗妈还是立场分明的。作为一名老共产党员，她曾公然批评过几回，不过收效甚微，久而久之也就罢了。

临近打烊，“超市游击队”也圆满撤退，提着战利品各自回家。十点钟还得拧开电视看《爸爸去哪儿》呢，跟里面的孩子们乐一会儿，也让这一天没白过。

穷家万贯

楼上的富姐经常跟自己的亲妈干仗，有时娘儿俩尖利的声浪能穿透整个敦敦实实的塔楼。

世上哪有把亲妈当仇人玩的?

“真没辙！”富姐一遇见熟人总是这样的开场白。

仔细听听原委，确实没辙——

富姐家有万贯财宝，老公虽然没贴着“土豪”的标签，但见面那种矜持的笑就不是一般的表情，那是经常出入名利场用无数个纸醉金迷的夜晚小火慢炖出来的似笑非笑。富姐在其身边，当然也得配合英式庄园范儿的效果，浑身上下里里外外都是名牌。说起那些大牌设计师，熟得就跟她二大爷似的，谁谁谁脸上哪儿有痦子、哪儿有雀斑都门儿清。限量版的衣服就别说了，光一双鞋就得花个万八千的，“嗒嗒嗒嗒”地走着那叫一个来劲。

可往往进了家门连金贵的鞋还没来得及脱，亲妈就惹她一肚子气：她前脚刚刚扔垃圾桶的破纸箱子，她妈后脚就给捡了回来，而且绝不放阳台上碍眼，而是拆了粘合的胶带纸压扁了整整齐齐地码在床底下，倍儿专业。

“丢不丢人呀？！”富姐破口大骂。

“浪费可耻！”她妈振振有词。

“那些破烂儿有什么用啊？”富姐倍儿绝望。

“到有用的时候就有用了！”她妈很有哲理。

真没辙！两种世界观、人生观、价值观时刻进行着针锋相对的斗争，藏在家里各个角落的物件儿全卖了也顶不上富姐的一顿早餐钱，但她妈就是那么锲而不舍，所以富姐每次扔东西都得周密部署、精心安排，出其不意方能制胜。她妈呢？跟特务似的时刻潜伏着，余光总盯着她的手，一旦对方有扔的企图就立刻冲上去灭火！

“穷家值万贯！”这是她妈的口头禅。

富姐听着就来气：“穷家，骂谁呢？”

最极端的一次行为艺术是，富姐趁她妈午睡的时候手脚麻利地把冰箱里的剩菜装塑料袋里扔垃圾桶了，没想到晚上回家正赶上她妈津津有味地吃那些剩菜呢。你那点小伎俩能敌得过“地下党”？她完全低估了她妈的侦察能力。

悔不该扔在自家的垃圾桶里，早知道这样就应该远远地扔在小区门外，老太太还能像狗一样闻着味儿追出去？

“气死我啦！”富姐拍着几万块钱的餐桌狂喊。

“我是你亲妈，吃你点剩菜就气成这样？”她妈挺无辜。

“……气死我啦！！”

还好，毕竟是在自己家里，再闹腾外人也看不着。最让富姐癫狂的是有一次朋友聚会，大家约好了去蒸桑拿做SPA，她带着老妈一起去，想让老太太顺便感受一下时尚生活，缩短一些和时代拉开的距离。

原本挺开心的一件事，可刚进更衣间富姐就崩溃了，她从闺蜜惊诧的目光中寻到了另一个爆点：老妈穿的那条秋裤跟万国旗似的，各种花色的补丁摞在一起，在高档会所显得格外拉风。

“给您买的那么多新秋裤怎么不穿？偏偏穿这个！”富姐的脸煞白。

“这个挺好，旧衣服穿着舒服。”

“您闺女那么有钱，早该扔了！”闺蜜也实在看不下去了。

“她就知道扔！老话说得好，新三年旧三年，缝缝补补又三年。”

“那是旧社会，这都什么年代啦！”富姐的嗓门又高了八度，惹得更多目光聚焦在这里。

富姐跟逃跑似的一头钻进了桑拿间，还没蒸就脸红到了脖颈子，丢人丢大发了！

那一晚回到家谁都没睡好。富姐像章子怡被泼了墨一样，心里堵得要命。老太太则为当天几千块钱的消费折磨得撕心裂肺：这洗个澡的钱够乡下亲戚一家人一年的吃喝了。

谁说不是呢！

为了挽回损失，富姐妈暗下决心，一定得用更加坚定的无产阶级信念加倍节俭，不能让心灵再次遭受资产阶级享乐主义的荼毒！

有一天我端着纸箱子去扔垃圾，刚进电梯就遇一老太太慈祥地点头冲我微笑。梯子下行的时候我总感觉老人家的目光热辣辣的，不过没看我，专盯我手里的破纸箱子了。

见我有了反应，老太太倍儿客气地跟我商量：“您是要扔的吧？给我行吗？”

您看看，对我这种晚辈都用敬语，我真不敢拒绝。

见我首肯了，老太太立马伸手来接。

我赶紧解释："这里面还有好多别的垃圾，特别沉，等我都扔完了给您。"

老太太倍儿高兴，尾随着我来到楼门外的垃圾箱，等我把其他东西倒了之后就双手接了过去，特别神圣。

我忽然想起了富姐，莫非这老太太就是……

后果不堪设想，要是富姐知道了这一出，楼还不得让她掀翻了？

“双扶”持久战

这里说的“双扶”不是新型拖拉机，而是一个新兴团队的代名词。

小区外面开了一家自助餐厅，便宜，每位才 25 元钱。更重要的是，人家还特别孝老敬亲，对老年人一律打九折，于是很顺利地吸引了一帮老头儿、老太太。我妈的几个老同事不甘落后，连开了几次电话会议后组建了一个低调不奢华的团队。队里的基本规矩是定期开展自助活动，经费由成员轮流坐庄，公平合理。

我妈平时很少在外面吃饭，不为别的，心疼钱。

除了参加亲戚朋友的婚宴，一个人绝少下饭馆。她又不是老干部，所以也没什么白吃白喝的活动。

上一代人普遍都是这样，穷苦惯了，容不得半点奢侈浪费。如果你跟她聊有些领导吃顿饭得好几万，她立马咬牙切齿强烈呼吁“习大大”好好治治他们。

不过，这次参加自助团还是挺开心的，便宜不说还能敞开了吃，尽管

25 元钱的标准没什么山珍海味，但不限量就是最贴心的好处。

有人形容吃自助是“扶门进，扶墙出”，这就是所谓的“双扶”，太形象了，完全能被我妈他们证实。

每次约好了日子，老伙伴们从一早就开始为这件经济生活中的大事做积极准备了。一般来说，那一天的早饭自然被省略了，因为得给中午充分腾出地方来。快到十一点的时候，同志们便陆陆续续在餐厅门口集合了。此时，服务员们还在整理餐台、收拾桌面。

不出十分钟，大家就到齐了，开始“扶门进”——都没吃早饭，血糖低点的不扶门还真站不住。如果你问，早上没吃吧？对方立马反驳：俩油条一鸡蛋一碗豆腐脑，全进肚儿了。——敢情还挺要面子，唯恐被耻笑。其实，大家都一样，谁也别瞒谁。

进去之后先坐会儿，稳稳神、聊聊闲篇儿。

此时饮料台已经有喝的了，老头儿、老太太们陆续起身，甭管什么都端几杯过来。

如果在家里，老妈是绝不喝咖啡的，闻不惯那个味儿。但来这儿，速溶咖啡先整它一杯，额外再多加一袋糖。怪了，八百年都不碰的东西，喝起来也不是不能接受，品一品还意味深长。

你能想象低标低配的自助餐能有什么样的果汁，都是自己勾兑出来的，色泽浓艳，味道齁甜。自助团里有不少糖友，但他们对这种可疑物也从不忌讳，打一杯先搁那，喝不喝再说。

白水一般是没人碰的，廉价不说还占地方，喝多了吃不下东西。

再过十分钟，真正的战斗就打响了。

在咱富有中国特色的国度里，甭管哪地界的自助餐，主题词只有一个字：抢！我相信每个人都能描绘出各种抢的经典场景。很多人看起来挺斯文，可一进这种场合立马撕去了含蓄的外衣，摆出一副拼刺刀的架势，随时准备占领各路桥头堡。

有几个重灾区，上菜的服务员还真得有点把控力，否则连大铁盘子都能被抢走。首当其冲的是海鲜，无论是什么物种，只要带点鱼腥味的都抢手。服务员还没走到餐台呢，凶狠的“猎人们”就抢先将其包围，不用工具伸手就抓，嘴里还发出一种既紧张又兴奋的嘶鸣。不出几秒钟，服务员手里的大盘子就空了，连根毛都不剩。这过程完全像变戏法，如果没点定力绝对端不了这种盘子。

其次是烧烤区，尽管烟熏火燎，但人们照样扎堆儿，不抢够了不走。有烤鸭的地方就更甭说了，管操作的几个大师傅跟流水线似的，有片鸭肉的、有配菜料的、有卷饼成形的，每只手都没停过，小薄饼刚卷好就有涌动的胳膊在起伏，还没在盘子里躺稳就被秒杀了。

还有，那就是水果区。无论如何也想不明白，都是寻常的水果，在早市撮堆儿卖的怎么就那么招人待见呢？尤其是西瓜，刚被师傅剁了立马就有“收尸”的，很多人都直接下手，也不怕黏糊。我敢打赌，有些大老爷们要是在家几乎看都不看那些玩意儿，可为什么到这就跟施了魔法一样着迷呢？

但在这几个热点区域老年人是不占优势的，他们的胳膊腿儿能挤得过力拔山兮的小伙子吗？所以，我妈他们有自己的战略，“突击战”打不赢就来“持久战”，用毛主席的战略思想武装过头脑的一定是笑到最后的。

放下手里的饮料，他们先光顾比较清静的冷餐区，盛点比较开胃的凉拌菜。团里有会上网的老头儿告诉大家，如何吃得多、吃得好那是有讲究的，网上都有秘籍：先吃蔬菜有利于消化，这就像古时候打仗一样，有急先锋开道，后面来的将军才踏实。

吃着一轮蔬菜，聊着补不补发工资，顺便拉开了“持久战”的序幕。

接下来在“网虫”老头的带领下，同志们按照严格的流程进餐。总之就是先素后荤、先稀后干，每道程序拿水果间隔，每个单元拿汤结尾。腿脚不方便，没事，慢慢来，世界上很多事是以柔克刚的。

没错，看那些疯抢的人盘子摞起来像山，但真正吃进去的只是山尖儿，手疾眼快、狼吞虎咽的后果就是给肠胃门口堆了块大石头，堵得特别严实，想进点水都难。

等他们都瘫在椅子上胡噜肚皮的时候，老头、老太太们有了机会，到哪儿都可以很从容地选自己的最爱，然后再细嚼慢咽地把它们送到该去的地方，打个饱嗝都是胜利的意味。

25 元钱的自助餐是没理由提供海鲜的，但来点海带也不错，汤里的虾皮不也传达出海的气息吗？

慢慢品来慢慢转，吃下一盘子再转一圈，感觉胃里又有空地儿了。接近下午两点的时候餐厅就要收摊，团员们会再次汇总信息，如果有哪个漏掉了则再去尝试一下，不多盛，只要两小勺就好，保持整体作战的完整性很重要。战斗接近尾声，每个人的面前都一大摞盘子。环顾四周，其他桌的年轻人早就上班去了，我妈他们不急，有的是时间，利用最后的几分钟，大家再喝杯豆浆啥的。

我妈像进行强化训练似的，起身又倒了两杯咖啡。

最后，除了轮到掏钱的人去结账，其余的都完成“扶墙出”的动作各自慢慢移回家。有的进了客厅得先站一会儿才能坐到沙发里，否则力道掌握不好得产生反刍现象。“持久战”的后果是晚饭都省了，个别不踏实的喝口粥了事。这 20 多元钱花得支撑了一天，比自己买菜做饭还划算，不是特别值那是相当值啊！

我妈那天晚上怎么也睡不着，脑海里有停不住的一百多个想法，活跃的浪花涌动个没完。继而心脏也加速跳动表现得有点调皮，喝完速效救心丸，再经过一系列的反思得出重大结论：那几杯破咖啡不是什么好东西！

告诉妈妈我爱她

上午的候机厅特别嘈杂。

我身边的一位老者大声打着电话。人老了，耳朵背，所以说起话来分贝就高。

人来人往的背景声可能让他听起来更费劲，于是嗓门也越来越大，私人电话很快变成了公共演讲。听得出来，电话那头是老伴儿，俩人唠的无非是些家常：儿子加班回来睡得好吗；孙女儿淘不淘，别给她太多巧克力；冰箱里的青菜尽快吃掉，再放就蔫了……

老者操着“南普”，衣着很讲究，一双皮质的老头鞋穿得很别致，银灰色的头发纹丝不乱，那份干净是一般北方老头儿所没有的。

说实话，起初我有点反感，因为毕竟是公共场所，“哇啦哇啦”讲话让人不舒服。但老人的一句话忽然打动了我，让我的心顿时软了下来。

“告诉妈妈我爱她！告诉妈妈我爱她！”——老人动情地说。

具体怎样从琐事中过渡到这里的我没有留意，但这句话一出就牵动了我的神经：那个年龄的花样爷爷，竟然能对老妈妈说“我爱你”。不知别人怎样，反正我从来没有对自己的老妈说过“爱”，尽管从心底里对母亲有很深的情感，尽管自己有了女儿却依然对母亲有着无尽的依赖，但跟老妈说“爱”好像很难说出口。

我眼前的这位老人却不断地重复着那句话。对话中的情景我不得而知，但“我爱她”这三个字老人说得很自然、很真切。听得出来，那不是做作的表达，也不是故意说给对方听，而是发自内心的质朴问候。

可以想见，那位远在异地的妈妈是位更老的老人，头发也许比眼前的这位儿子更白，眼睛也比儿子更花了。但我能想象，当她得知儿子说爱她的时候她将会是怎样的一种幸福、一种满足。无论是怎样的生活状况，无论身体是否健康，只要能得到儿女的关心，哪怕只是一点点，天下所有的母亲都会拥有一份谁都夺不走且无法替代的欣慰吧，况且现在这份爱来得这样直接、这样浓烈。

“我马上要登机了，不多说了。告诉妈妈我爱她！”看着老人匆匆起身的背影，我的心里一片温暖。电话背后蕴藏着怎样的故事不得而知，但可以肯定的是，幸福包裹着一对年迈的母子。

这样困倦的早晨，这样喧闹的候机厅，竟充满了戏剧性。